牛油果果小镇经济学

李冬茵 著

中国妇女出版社

图书在版编目（CIP）数据

牛油果果小镇经济学 / 李冬茵著. -- 北京 ：中国妇女出版社，2025. 6. -- ISBN 978-7-5127-2472-3

Ⅰ. F0-49

中国国家版本馆CIP数据核字第20256055D4号

责任编辑：朱丽丽
封面设计：付　莉
责任印制：李志国

出版发行：中国妇女出版社
地　　址：北京市东城区史家胡同甲24号　　邮政编码：100010
电　　话：（010）65133160（发行部）　　65133161（邮购）
网　　址：www.womenbooks.cn
邮　　箱：zgfncbs@womenbooks.cn
法律顾问：北京市道可特律师事务所
经　　销：各地新华书店
印　　刷：北京中科印刷有限公司

开　　本：165mm×235mm　1/16
印　　张：14.5
字　　数：160千字
版　　次：2025年6月第1版　　2025年6月第1次印刷
定　　价：59.80元

推荐序一

正是莺飞草长、春意渐浓的时节，收到我的研究生李冬茵寄来的新作书稿——《牛油果果小镇经济学》，这是她专为青少年撰写的关于经济学启蒙的书。她把经济学写得“超好玩”，这既要熟谙经济学理论，更要以年轻的心态，灵活驾驭经济学原理的应用，还要有活泼的思路和运用案例的智慧。她以通俗易懂的语言，让经典经济学充满了青春活力；让没有学过经济学的青少年，能被现实又新鲜的语言场景所吸引、所感动，化艰深为神奇。

此间，窗外玉兰初绽，我的目光在书稿的字里行间移动，恍若看见16年前那个在复旦课堂上追问经济学问题的勤奋好学的聪慧女生。如今她已将经济学的理性之光，化作少年们手中变幻的万花筒。

冬茵邀我作序，读罢书稿，对其篇章内容心有所感，先以七律小诗概言之：

牛油果镇启新章，
意趣盎然蕴智光。
供需剧场藏妙理，
囚徒困境现锋芒。
银屏演绎千般策，
小镇铺陈百味商。
经济原来多万象，
春风化雨润心香。

本书的特色与风格，概括有三：

一、寓智于趣：当经济学邂逅日常生活

不同于传统经济学启蒙读物的说教或对少年读者的“矮视”，本书以“牛油果果小镇”为舞台，让镇长与居民们化身经济学思想的践行者。无论是电影院的改革层层推进，还是龙卷风后的菜价波动演绎着真实的市场供需关系，经济学的原理和思维方式，都被不打折扣地融入其中。

书中六个故事单元如同六幕经济学情景剧，这种“沉浸式学习”的设计，会让小读者觉得，经济学理论不

再是枯燥的公式，而是跳跃在社会生活发展这个宏大音乐中的音符。

二、知行合一：从象牙塔到菜市场

冬茵在书中有三重身份：作为经济学人，她将“沉没成本”“边际效应”等概念化作小镇居民的生活抉择；作为教育实践者，她通过 AI 影厅、盲盒经济等新时代场景重构教学范式；作为母亲，她巧妙地将超市购物车变成经济学理论的实践工具。这种多维度的知识转化能力，让我想起之前参观过很多现代艺术展带来的思考——当经济学遇到跨界创新，便不再只是黑板上的各种曲线和公式，而是可触摸、可品味的多元艺术作品。在《小镇庆典》章节，快闪店铺的流量密码与慈善晚宴的公益经济学，恰是数字经济时代“看得见的手与看不见的手”。

三、薪火相传：经济素养与人文情怀

在数字经济浪潮席卷全球的当下，青少年的经济思维启蒙早已超越知识储备层面，更关乎价值判断与责任意识的培育。书中“牛油果银行”让小读者更理解金融本质，“‘买买买’冠军”引导理性消费，这些设计也暗合了诺贝尔经济学奖得主塞勒教授的“助推理论”——不是强硬灌输规则，而是培养理解世界的思考方式。

掩卷沉思，我忽然觉得经济学教育如同栽种牛油果树——不能止于培育出果实的数字计量，更要呵护诞生出果实的思维根系。这本书正是这样一粒充满生命力的种子，它或许不会让每个小读者都成为经济学家，但一定可以培养出理解“选择与代价”的清醒头脑。

时值复旦大学120周年校庆，经济学院建院40年，经济学系也有着百年历史传承。谨以此书推荐给所有渴望为孩子播种经济学种子的师长，以及每一位对生活怀抱着热忱和好奇的青少年。经济学从不遥远，它始终在看似细碎的生活中闪烁着理性之光。

徐培华

复旦大学原经济学教授

推荐序二

收到冬茵发来的新书书稿，并受邀为其作序，我很高兴。

作为她的大学老师，我见证了她的成长。她从一名对经济学充满好奇的学生，逐步成长为一位优秀的经济学知识普及者。她把经济学抽象的概念，转化为面向青少年的生动故事，既有趣又易懂，让经济学的基本原理变得亲切而又易于掌握，满足了正在积极了解社会运转的青少年们的好奇心。这是我读完这本书最直观的感受。

经济学是一门既现实又理性的学科。它的研究对象——市场的运作、经济体的运行，与人们的生活息息相关；而经济学就是用理性的分析解读人类行为背后的选择，探索社会运作的深层规律。对孩子们来说，学会“理性分析与探索”的思维方式，要比掌握具体的知识，更加重要和难能可贵。

在这个信息爆炸、多元文化交织的时代，青少年的思考方式和价值观的形成尤为关键。冬茵的这本书，不仅是一本经济学（主要是微观经济学）的启蒙教育读物，更是一把钥匙，帮助孩子们打开理性思考的大门，培养他们的财经素养。

此外，这本书的可读性和趣味性也极为突出。在冬茵精心构建的“牛油果果小镇”中，发生了很多贴近孩子们生活的故事，通过这些有趣的故事，她把经济学的原理娓娓道来。从“供需关系”到“价格歧视”，从“机会成本”到“声誉价值”，从“囚徒困境”到“垄断串谋”，冬茵用孩子们听得懂的语言和故事，讲述了经济学的逻辑和智慧。其核心是经济学的思考方式：如何用经济学的眼光看待周围的世界，如何在生活中运用经济学的思维，学会思考，学会选择，学会取舍，这才是传递给青少年们最宝贵的财富。

冬茵本科毕业后，去宁夏南部山区西海固的一所中学支教了一年，这是她从事教育工作的起点和初心。支教结束后，她回到母校继续深造，取得研究生学位，毕业后在政府经济部门工作。后来她成为两个孩子的母亲，并开始了青少年通识教育的创新与实践。这一步步走来，她踏实努力，又水到渠成。冬茵的这本书，不仅是她对经济学的深刻理解、对青少年教育的思考与热爱的结晶，更是她教育创新实践的真实记录。

作为一名经济学者，我强烈推荐这本书给所有对社会的运行有好奇心的孩子、所有关心孩子成长的家长和教育工作者。让我们一起期待这本书能够在孩子们心中种下经济思维的种子，引领他们开启思考和探索经济世界的大门。

最后，我要对冬茵表示祝贺。在这本书中，她不仅是一位经济学知识的传递者和普及者，更是一位青少年思维的启迪者和梦想的点燃者。我相信并期待冬茵在未来的事业发展中，能够取得更多的成就。

尹晨

复旦大学原经济学教授、博士生导师

自序

我的两个孩子一天天长大，开始观察周遭的世界，他们脑海中的小问号不断地生发出来：这条路为什么这么堵？游乐园里的瓶装水为什么比便利店的贵很多？飞机票不同时间去买价格好像不一样？促销时究竟要不要多买一些东西？租房和买房，究竟哪个更划算？为什么从国外买的衣服标签上竟然写着 Made in China……

于是，我用在复旦大学学习了七年的经济学专业知识，以及近十年在政府经济部门工作积累的实践经历，结合多年少儿教育工作中我对孩子成长的洞察力，研发了一套给孩子的经济学启蒙课程。这套课程从构想到教研，再到教学、复盘、完善，至今已经四年了。许多小学高年级到初中的孩子，和我一起通过演绎“情景故事”这个有趣的方式，不知不觉地学习了众多经济学的原理。

在虚拟的“牛油果果小镇”里，在不同的故事场景下，那些日常生活中一个个有趣又平常的问题，原来是可以用经济学来解释的。当你以为只在大学课堂里出现的“政经”“微经”“宏经”（政治经济学、微观经济学、宏观经济学）中的概念和原理，在和这些少年的共同演绎下，变得生动又真实。那一刻，我的欣喜真的是绽出花来。

我不禁感慨，每个孩子都该在少年时代触碰一下经济学。经济学是关于选择和取舍的学科，经济学原理也绝不仅仅是冰冷的公式和符号，它是对我们身处的社会运转规律的提炼和揭秘。它带来的绝不只是知识的传递与获取，更多的是教会孩子用经济学的思维去思考问题和解决问题，做最优的选择。

为了让更多的孩子都可以在“牛油果果小镇”里探索经济学的奥秘，我把这几年的课程和实践变成文字，结集成书，通过《新镇长的难题》《龙卷风来袭》《小岛旅行记》《“买买买”冠军》《珠宝失窃案》《小镇庆典》这六个故事，为小读者们解释稀缺、供需关系、需求弹性、垄断、竞争、囚徒困境等经济学原理，也会讲述他们身边发生的盲盒经济、体验经济、会展经济等。愿在孩子们心中种下一颗经济学的种子，帮助他们打开一扇思考之窗，不仅丰富他们宝贵的少年时光，也愿在未来的某一天，能让他们用经济学思维去看待和解决问题。

感谢我的老师——复旦大学徐培华教授、尹晨教授，美国南伊利诺伊大学贾静宜教授，以及我的大学同学胡耀祺先生，在专业上给我的建议和支持；感谢出版社老师们给予的鼓励和认可；更要感谢我的家人，尤其是女儿听听、儿子可渔，他们的“小问号”是成就我做这件事的初衷，他们也成了我的第一批小读者。

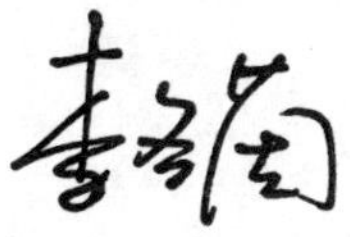

2024 年 5 月于上海

目录

第一章 新镇长的难题

第二章 龙卷风来袭

第三章 小岛旅行记

第四章 “买买买”冠军

第五章 珠宝失窃案

第六章 小镇庆典

第一章

CHAPTER 1

新镇长的难题

人物介绍

老镇长

特别用心地为小镇服务，孩子们亲切地称他为“镇长爷爷”。最近他的身体不太好，心中焦虑着还有许多工作要做，但是体力跟不上了。

韬韬镇长

年轻又博学，谦虚又努力。他很爱牛油果果小镇，这里是他的家乡，他对小镇几乎倾注了全部的精力。

牛油果电影院经理方应

他几乎是看着牛油果电影院的电影长大的，对牛油果电影院有着深厚的感情。电影院里每一扇窗，每一个影厅的座椅，以及那台有点旧了的放映机，都有他的付出和心血。但是近几年，来牛油果电影院看电影的人越来越少，生意越来越差。他每天焦心这件事，甚至因此增添了很多白头发。

牛油果银行行长钱满满

担任牛油果银行行长以来，他把银行业务运营得风生水起。他特别幽默，说话还很亲切，大家都喜欢和他聊天。

牛油果博物馆馆长晏子先生

本名晏语，但因为他学识渊博，知古通今，经常开办公益讲座，在小镇享有盛名，居民们亲切地称他为晏子先生。

牛油果庄园主富勒先生

经营着小镇最大的牛油果庄园，他最自豪的就是庄园里生产的牛油果，他庄园里的牛油果获过多次牛油果品质评选的大奖呢！

AI 公司创始人夏布斯

阳光、年轻、有活力，总是有很多创新的想法。他最爱的事就是研究怎么发明新东西。他还是韬韬镇长的中学同学。

新镇长上任

去年秋天，秋风萧瑟，天气异常地冷。最喜欢秋天的老镇长，每年都在这个时节去爬山、露营、赏落叶，还把牛油果果小镇最盛大的节日——小镇庆典，也安排在秋天举办。但这一年，他明显感到力不从心了，腰腿持续疼痛，好几次夜里痛醒无法入睡；还经历了一场大手术，在病床上躺了很久；小镇庆典办得也是潦潦草草，更别说原本计划启动的几个小镇新项目了。

“我决定申请提前退休。”想了好久，老镇长还是艰难地做出了这个决定。他不想离开，这是他生活了五十多年的家乡，也是他作为镇长倾注了很多心血的地方。但是，这身体……为了不耽误工作，不耽误他深爱的牛油果果小镇的发展，老镇长决定让贤了。

新上任的镇长是个年轻人。“让年轻人施展自己的才华吧！小镇那几个一直没有解决的难题，也许他都能处理好。”老镇长暗自思量。

新镇长名叫韬韬，三十而立的他，意气风发。韬韬学识渊博，读研期间，成绩优异，还有好几篇论文获了大奖。还没毕业呢，就有很多大企业邀请他去工作。

“这个职位和你的专业相关，可以接触到全球顶尖的几个大企业！”

“我们提供的薪资很有竞争力，工作几年你就可以买大房子！”

“你加入我们公司，一年之后就可以晋升为经理。”

……

众多邀约像雪片般飞过来，各种优厚条件摆在眼前：好职位、高薪资，还有未来发展前景。当几乎所有人都认定，这个优秀的年轻人会在最诱人的那几个邀约中挑一个时，只有他爸爸妈妈不置可否。他们明白自己的儿子从小的志向是什么。

果然，爸妈最懂他，韬韬一一拒绝了这些大企业的邀约，毅然回到了家乡牛油果果小镇。尽管有很多人不理解他的选择，但他说："所有的诱惑，敌不过心中的热爱啊！"韬韬说起这段往事时，眼神像孩子般清澈。

这个美丽的牛油果果小镇，有连绵的山，有环绕的水，在山水之间，矗立着现代化的高楼。小镇居民善良热情，生活幸福快乐。对了，小镇还盛产最最好吃的健康牛油果。

老镇长卸任那天，嘱咐了韬韬许多事情。尤其是那些他本来打算完成，但最终没来得及做的事。新镇长暗下决心，"这牛油果果小镇，无论是学校、医院，还是居民们的衣食住行，甚至路边的花花草草，我都一定要建设好！"

眼下比较紧迫的事，就是镇长信箱里收到来信最多的那个难题：牛油果电影院持续亏损，究竟该如何是好？

50 岁的牛油果电影院

说起牛油果电影院，它承载着太多人的回忆了。这家拥有 50 年历史的电影院，陪伴了小镇居民整整半个世纪，大家对这家电影院有着深厚的感情。几乎所有小镇居民第一次看电影的经历，都是和牛油果电影院连在一起的。可是，也说不清是从什么时候开始，居民们看电影不再去牛油果电影院了。苦苦支撑着影院运营的经理方应，常常感到力不从心；很多热心的居民看到电影院

一天天衰落下去，又着急又心疼，他们写了一封又一封的信，塞到镇长信箱里。

韬韬镇长看着桌上摆满的信，拿起电话，拨通了牛油果电影院经理方应的号码。

“您好，我是韬韬镇长，请问是牛油果电影院方应经理吗？”

“哎呀，镇长您好，我是方应，您找我是有什么事吗？”

“是这样的，最近我收到了很多居民的来信，都在反映牛油果电影院的经营亏损问题。牛油果电影院是我们小镇历史最悠久的电影院，大家都很喜欢它，所以对于它的亏损，大家都很焦心呐！”

“是的，镇长，您这样说，我觉得很惭愧。我们电影院所有的员工一直很努力在经营，只是成效不大，我们自己也很困惑……”

“嗯，我先来电影院了解一下具体情况吧。”

第二天，细雨蒙蒙，韬韬镇长设定好导航系统，开车出发了。今天的目的地是牛油果电影院。说做就做的高执行力，是韬韬这么多年的自我要求。这不，昨天刚刚通过电话，今天就已经前来实地调研了。

牛油果电影院位于市中心，早高峰路上有点堵车，大约30分钟后，韬韬镇长终于到了电影院。电影院的院子很小，地面规划好的停车位只有5个。因为是工作日的上午，来电影院的人很少，还有空余的车位，韬韬镇长便把车停了进去。

经理方应已经在门口等待韬韬了。他热情地和韬韬打招呼，简单寒暄之后，他们就开始边走边看边讨论电影院的情况。

50年前，牛油果电影院在此成立。这是牛油果果小镇的第一家电影院，在很长一段时间内，也是唯一的一家电影院。韬韬一走进去，就像回到了小时候，熟悉的电影院大厅显得有些空旷，说话时好像还能听到一点回音。左前方是售票柜台，小时候来看电影，爸爸妈妈就是在这里买票的。韬韬不自觉地走了过去，后面的墙上贴着一张大海报，上面写着现在正在上映的电影片名、时间和价格：

《逃离地心岛》10：00—11：40　票价20元

《逃离地心岛》15：00—16：40　票价20元

《逃离地心岛》19：00—20：40　票价20元

“现在正在上映的电影只有这一部吗？”韬韬看到海报上只写了一部电影的名字，疑惑地问方应经理。

“嗯，是的，目前我们只有这一部电影在上映，票价也很便宜，明明只有20元，但是来看的人并不多。”经理有些沮丧地回答，并继续解释，“电影院有三个影厅，大多数时候，开放一个就够用了，其他两个影厅闲置的时候比较多。”

韬韬点点头，在大厅里四下打量：“感觉大厅很空，为什么不多放点电影海报呢？”

“通常我们只上映一部电影，同一部电影的宣传海报也没有那么多种，也就只能放这个海报。”

“那可以考虑多上映几部电影啊，反正有三个影厅，够用。”

方应尴尬地笑笑：“镇长，说起来很难为情，我们目前的资金情况，同时上映两部电影，是无法承担额外的电影版权费的（小知识：电影院想播放电影售卖电影票，要先向电影制作方支付一定的版权费用）。”

韬韬听后，若有所思。

他们走进其中一个影厅。座椅看上去有点陈旧，韬韬随便找了个位置坐了下来。“哎呀，这个座椅有点硌，靠背也不太舒服。”韬韬心想，但是并没有说出来。他站了起来，找了个理由："我们还是边走边说吧！"

"这间影厅大部分时间都闲置着，只有长假的时候才会开放，作为一号影厅的补充。"方应介绍道，"影院上次做整体装修是在12年前，后来就没有再进行过大规模的装修，包括这些座椅，有些已经损坏，看上去也有些旧了。"

他们又转回了大厅，依然没有什么人。

"怎么不卖点爆米花呢？很多人都喜欢看电影的时候吃爆米花。"韬韬忍不住，还是把心里的疑问说了出来。

"我们以前卖过，但是来看电影的人比较少，爆米花做出来卖不掉，很多都浪费了，反而造成了更大的亏损。后来就干脆把爆米花柜台撤掉了。我们的票价只要20元，真的非常便宜，但是来的人还是很少，这一点我确实很困惑，不是应该越便宜反而来的人越多吗？"方应的语气里还带着一点点委屈，一股脑儿说了很多，"牛油果电影院是家有50年历史的电影院，它承载了小镇居民的成长记忆，也曾是我们小镇的名片。我想它应该有自己的风格和特色，我也努力在保持它原来的样子，让每个人都喜欢来这里。但是，现在它这么冷清，我可真是痛心啊！"

韬韬没有打断方应，等他倾诉完，才开口说："嗯，我理解，我今天来，就是要一起想办法。牛油果电影院的发展牵动着太多人的心，我们好好分析原因，找到解决方案，一定会让牛油果电影院再次成为小镇名片的！明天我们就开会讨论。”韬韬握了握方应的手，眼神中充满了信心，“相信我！”

经济学小锦囊

供需关系

指供给和需求的关系。一般来说，供需关系影响着商品价格的制定。如果商品供给大于需求（供给多而需求少），价格就会下降；如果需求大于供给（需求多而供给少），价格就会上涨。电影院放映电影，这就是供给；观众们要看电影，这就是需求。在牛油果电影院，电影院提供看电影的机会，比想来看电影的人数多，这就是供给大于需求。

小镇智囊团开会啦

韬韬镇长回到办公室后，立即安排了第二天的小镇智囊团会议，专题讨论牛油果电影院的问题。

牛油果庄园主、银行行长、博物馆馆长作为小镇智囊团的成员，都接到了参会的通知。方应作为牛油果电影院的实际运营负责人，当然也要一起参加会议。他们收到通知的那一刻，都很激动。

“这件事终于提上日程了！”牛油果庄园主富勒兴奋地说。

“我之前准备的关于牛油果电影院的调研报告终于要派上用场了！”银行行长钱满满已经迫不及待要去开会了。

而博物馆馆长晏子先生，立刻打电话推掉了原本安排的一个会议。

至于牛油果电影院经理方应，简直是按捺不住地兴奋。这几年，电影院的运营情况一直没有起色，成了他的心病，说他为此吃不下、睡不着也不为过。

第二天一早，韬韬镇长在清晨的阳光中醒来。推开窗，韬韬深深地吸了一口空气，“哇！”韬韬像汲取了能量一样，无比满足。

牛油果牛奶是牛油果果小镇居民们公认的最受欢迎的

饮品，韬韬每天早晨都会来一杯。倒好牛奶，他开始给新烤出来的面包片抹牛油果酱，又夹了个煎蛋。一杯牛油果牛奶，一个牛油果三明治，是韬韬今天的美味早餐。

用“元气满满”来形容此刻的韬韬再合适不过了。

半小时后，韬韬准时出现在了会议室。没想到，距离开会时间还有 20 分钟，但智囊团成员提前到齐了。

“谢谢大家今天来参加会议。”韬韬看大家都已经落座，决定提前开会，“今天请各位过来，主要研讨一下牛油果电影院的经营亏损问题。拥有 50 年历史的牛油果电影院，承载着小镇居民的共同记忆，但近些年持续亏损，很多经营问题一点点地暴露了出来。今天，我们一起来帮方应经理提点建议，给电影院一些支持，以期扭转亏损，实现盈利，让我们的牛油果电影院在未来可以变得更好！”

大家纷纷点头。对于电影院的运营情况，今天参加会议的智囊团成员再熟悉不过了。他们几个人都曾经和老镇长讨论过电影院的问题，也提出过各自的解决方案。

韬韬直奔主题：“大家对于电影院的情况都非常了解，那么我们先来梳理一下，目前电影院面临的具体问题吧！”

大家你一言我一语，讨论的气氛变得热烈起来。大家先列出了一些基本问题。

1. 停车不方便：电影院提供的车位太少，而新建的停车场又太远，停车后要步行10分钟才可以走到电影院，很多开车出行的人就不愿选择牛油果电影院了。

2. 洗手间卫生状况差：常有异味，地面也脏兮兮的，还经常没有卫生纸。

3. 买票很麻烦：一定要到柜台来买，不能用手机在线上购票。

4. 新上映的电影数量少：同一时间段通常只有一部新电影上映。

5. 设施陈旧：装修已经12年，很多地方有损坏。

6. 竞争加剧：这两年小镇新开了两家影城，小镇一共有3家电影院了。

7. 电影票价过低：这几年票价持续降价，目前仅为20元。

方应非常虚心地记录下大家提出的问题。其中有他认同的，也有让他感到疑惑的。比如关于电影票价的问题，困扰他很久了。明明价格这么便宜，而新开的两家影城都要40～60元一张票，但牛油果电影院依然没有什么人来，这让他百思不得其解。

大大的问号，几乎写在了方应的脸上。韬韬镇长都看在眼里。

"关于票价，我想方经理一定有一些疑问。通常情况下，我们设定的价格越低，购买它的人就越多，如果价格越高，购买的人就越少。但是，如果这个'商品'的品质变差，比如说停车不方便、洗手间不干净、购票很麻烦、设施也很陈旧，大家的收入都在增加，那消费者显然要去买更高品质的'商品'，所以在这个时候，价格越便宜，购买它的人数并没有增加，反而可能变少。"

“看来我们应该先把‘商品’的品质提高，摆脱‘劣质商品’的标签，然后才能涨票价。”方应恍然大悟。

“提高票价，增加收入，这是将亏损扭转成盈利最重要的一步。”

看来，无论如何，提升品质的问题必须解决。大家讨论得热火朝天，为方应提供了很多好的建议。其实很多方法方应之前也想到过，但由于各种各样的原因，没有执行好。“这次一定得破釜沉舟般地下定决心！”方应心里坚定地想。

接着，方应根据刚才讨论的结果整理了以下一系列解决方案。

1. 停车问题：电影院的院子就这么大，没有办法再扩大，计划与旁边的大楼负责人谈一下，看看是否可以拿出一部分地下停车位租给电影院，为来看电影的观众提供停车服务。这样就可以解决观众停好车需步行 10 分钟的问题。想看电影，停车不再是问题！

2. 洗手间问题：那位打扫不仔细的清洁工，其实已经被投诉很多次了，但是方应心太软，每次都只是说说，导致问题并未得到根本解决。这次要彻底解决这个问题，制定洗手间打扫工作的规范和细则，要求清洁工严格执行，如果做不到，也按照细则进行处罚。

3. 购票问题：开通手机购票渠道至关重要，这将极大提升购票的便利性。有时候，人们突然有想买票的想法，这一刻是买票愿望最强烈的时候，于是就想用最快的速度去做这件事，要是可以通过手机买票，并且买票的过程非常简单，那么很快就可以成交，电影院就可以提高电影票的销售量。但是如果不能用手机买票，在有买票想法的时候，只能想，“等周末有空的时候去电影院买票吧”。等到周末可以去买票的时候，很可能那种强烈的购票愿望就没有了，或者根本就不去买票了。这就给消费者买票的路径增加了非常多的阻碍，实在不利于多卖票！所以，开通手机购票功能迫在眉睫！

4. 设施陈旧问题：脏兮兮的地毯和有点硌屁股的座椅严重影响了观影体验，看电影应是一件很休闲、很放松的事，要换干净的、舒服的设施。

同时，爆米花最好还是提供，一边吃着好吃的爆米花，一边看电影，已经是很多人看电影的固定搭配了。相信如果我们做了这些改变，观众会多起来，那么成本也就能解决了！

韬韬站起身来，拿了几瓶牛油果汁分给大家："解决了这些基本问题，我们才能保障'商品'的基本品质，接下来我们要面临另一个挑战……"

牛油果庄园主富勒接过话茬："多年来，我们小镇只有牛油果电影院这一家影院，大家只要想看电影，就只能来这里，哪怕停车有点麻烦，哪怕一定要去柜台买票，哪怕座椅没有那么舒服，毕竟只有这一家电影院，不管票价多少，来看电影的人都不少。"

"是啊，之前一直是牛油果电影院垄断着市场，垄断企业可以自由定价。"银行行长钱满满感慨道。

博物馆馆长晏子先生也加入了讨论："现在不一样了，新开的苹果果影城和无花果电影院开始与牛油果电影院竞争，抢占市场。在竞争中，无论是商品的价格，还是质量，都会被做比较。消费者可以自由选择，哪里更好，就去哪里。"

“对！我们必须改变思维方式，现在不再是‘一家独大’的局面了，现在竞争中的策略和当初垄断市场时可是完全不一样的！”韬韬总结道。

“要在竞争中获胜，只有让自己变得更强大！”方应顿时充满了斗志。

“不过，要是按照他们的标准来，可能非常难啊！牛油果电影院有50年了，对比新开的电影院，有很多硬件条件很难做大的改变。”韬韬提醒道，“所以才需要动动脑筋，如何根据我们现有的条件，做差异化竞争，也就是突出我们自己的特色，不做一模一样的产品，避免‘硬碰硬’地竞争。”韬韬提出了新的观点，要“差异化竞争”。

方应突然眼前一亮，所谓“差异化竞争”，就是把牛油果电影院独有的优势和特色凸显出来呀！那牛油果电影院最大的优势和特色是什么呢？显然就是这整整50年的历史和牛油果果小镇居民共有的成长记忆！想到这里，之前还一筹莫展的方应兴奋不已。

“我有个想法，虽然牛油果电影院因为年代久远，很多硬件即使修缮也很难做到和新的相比，但是，这厚重的年代感和历史感，不就是我们的差异化优势吗？如果我们可以凸显这部分的价值，是不是就做到了差异化竞争呢？”

“哇！太棒了！”第一个称赞的是晏子先生，“在这里看电影，不仅仅是看了场电影，更能感受到历史。这是其他地方都没有的啊，也是作为小镇居民非常珍惜的情感体验！”

“这就是‘稀缺’啊！人们想要的东西是有限供应的，你想要，别人也想要。有稀缺，才有价值！”说着说着，银行行长钱满满竟然说出了经济学最基础的概念：稀缺。在经济社会中，只有存在“稀缺”，才有引发后续探讨的可能性。

方应的思路越来越清晰，他意识到先要把重点抓住，然后再一步步地完善。重点就是：塑造这个独有的“稀缺”的概念，这样才能在和其他电影院的竞争中找到自己的独特定位。

韬韬继续进行阶段性的总结：“今天我们讨论的核心是牛油果电影院如何扭亏为盈。亏损是现阶段电影院面临的最大问题，必须盈利才行，赚钱了才能让电影院持续运营下去。所以，我们讨论确定牛油果电影院后续的改进方向：把‘50年的历史’作为电影院竞争的主要优势，打造出我们独有的特色，与其他电影院做差异化竞争，这也是我们和其他影院实现共赢的有效策略！”

“是啊，差异化竞争不仅可以让牛油果电影院更容易实现目标，也是让几家电影院共赢的好思路呢！我们一起赚钱，也能给小镇居民提供更好的电影服务，真是太开心了！嘿嘿，这真是一个让大家都受益的好主意！”方应笑出了声，明显感觉他轻松了很多。

接下来的方案更进了一步：

1. 牛油果电影院将主打历史感，凸显“50 年历史”的品牌标签，在重新装修时请设计师按照这个风格进行设计。

2. 利用大厅的空间，设置一个“牛油果电影院 50 年历史展示”的小区域，让电影院还有了小型博物馆的功能。（这是博物馆馆长晏子先生提出的建议，专业人士就是不一样！）

“除了这两点，我觉得票价也可以做出一些调整。”钱满满喝了一口牛油果汁，清了清嗓子说道，“现在不论什么时间段，也不论什么电影，票价都是一样的。但其实观众对于看电影的需求程度是不一样的，不同的价格可以尽可能鼓励更多的人来买票，也是增加收入啊！”

“对！工作日放映的电影，票价可以相对便宜一点，以吸引更多的人来；如果是下班后还有周末放映的电影，本来想看电影的人就多，票价可以贵一点，毕竟需求大，价格可以高一点嘛！”牛油果庄园主富勒接着说。

“对于学生群体来说，他们收入很低或者几乎没有收入，日常还要靠家长给生活费，所以，如果对他们实行价格优惠，更能吸引他们前来观影呢！”博物馆里也经常接待学生参观，晏子先生联想到了这一点。

“大家这是把经济学里的‘价格歧视’给说明白了！价格歧视，名字里有‘歧视’，不过并没有真的歧视，只是把同样的‘商品’用不同的价格卖给不同的人。”韬韬归纳总结道，“不同的人对于看电影的需求是不一样的，我们就根据他们的需求来制定策略。”

方应听着大家的发言，若有所思，突然领悟到镇长提到的“价格歧视”策略也能帮助解决成本问题。“我们正常播放一场电影，无论是一个观众，还是10个观众，有一部分成本是固定的，每多一个观众，增加的成本是非常非常小的，那肯定是观众全部坐满的影厅，才是最划算的！所以用不同的票价来‘歧视’不同的消费者，最大程度地确保影厅坐满，可以分摊固定成本的人不就更多了吗？简直太棒了！”

经济学小锦囊

稀缺

“稀缺”是经济学的基本概念。简单来说，“稀缺”指的是很多人想要同样的东西、想要同样的商品、想要同样的位置，但资源是有限的。随着社会经济的发展，人们想要的东西虽然发生了很大的变化，但“稀缺”这一本质并未改变。

垄断

纯粹的垄断是指一个企业控制了整个行业的绝大部分市场份额。例如，没有苹果果影城和无花果电影院的时候，牛油果电影院就是小镇唯一的电影院，就是这个行业的垄断企业。

竞争

在经济学中，竞争就是有很多企业从事相同的业务，生产一样的产品，或提供相同的服务。那究竟怎么才能赢得更多的消费者，赚更多的利润呢？这就是竞争的核心。一般来说，健康竞争的市场可以让消费者获益更多。

价格歧视

同样的商品，针对不同情况的消费者制定不同的价格。在这里，“歧视”没有贬义哦。在牛油果电影院，不同时间、不同场次的电影价格是不一样的；学生、老人、儿童享受的电影票价也不同，这些都属于价格歧视。在生活中，同一个航班，购买机票的时间不同、购买的座位不同（靠窗的座位，前排座位等），机票的价格也不同，这也是价格歧视。

需求弹性

商品的价格和其供给与需求的关系特别密切。价格提高，需求就会下降。但价格提高的程度与需求下降的数量之间的关系是怎样的呢？价格变化带来的需求的反应，就是需求弹性。有时候，价格只提高了一点点，但需求一下子下降了特别多，这就是需求弹性大；有时候，价格增加了非常多，甚至翻倍增长，可是需求并没有减少很多，这就是需求弹性小。例如，即使价格上涨，家庭和企业还是要用电，这就是需求弹性小，也叫刚性需求。

替代品

如果其他商品有相同或相似的功能，那么就是替代品。一种商品价格提高，那么它的替代品的需求就增加了。例如，对很多人来说，乘飞机和高铁都可以，如果飞机票涨价，选择乘高铁的人就变多了。因为飞机和高铁互为替代品。

番外

⑤富勒先生的礼物

牛油果庄园主富勒先生是小镇最富有的人之一，他经营着小镇最大的牛油果庄园。每年，他庄园里生产的牛油果都会运往世界各地，当然，小镇居民日常需要的牛油果多半也是从他的庄园采购的。他家的牛油果个头大、味道好、营养价值高，每年不仅卖出的数量最多，得到的好评也最多。他很热心小镇的发展和建设，但是

有些斤斤计较，所有涉及钱的事情，都一定不含糊，一定要算仔细才行。

为了支持牛油果电影院的发展，富勒先生打算每个月赠送两大箱牛油果给电影院，但他要求电影院一定要把这些牛油果用得有意义、有价值。方应有点头大，每个月这两箱牛油果能有什么用呢？

亲爱的小读者，开动你的脑筋，帮方应经理想想办法，如何用好每个月的这两箱牛油果呢？欢迎将答案和我分享哦！

（可以写邮件给我：dongyinli@foxmail.com）

向银行借钱

当方应从银行行长办公室走出来时，他脸上的焦虑终于不见了。

这几天的方应，情绪像坐过山车一样，开心、兴奋、沮丧、担忧，这几种心情全经历了个遍。

在上次智囊团会议结束后，方应只用了两天时间就做好了牛油果电影院的升级计划。写完计划后，他看了一遍又一遍，越看越兴奋。未来牛油果电影院的样子，已经一遍遍在他脑子里勾勒了出来。

然而，当开始推进这个计划的时候，方应不得不面对一个严峻的问题：牛油果电影院捉襟见肘的财务状况。

“经理，我刚刚查了我们的银行账户，”财务经理向方应汇报说，“数字真的太可怜了，别说要做大的升级改造，下个月员工工资还没有着落……”

方应愣了半天，吐出了几个字：“我知道了……”

唉，除了说这几个字，他实在不知道还可以说什么。这样的财务状况，方应当然是知道的。只是当财务经理清楚地告诉他的时候，他还是感到十分沮丧。心里真是难过啊！

“看来只能去寻找银行的支持了！”方应叹了口气。其实，他并不愿意找银行行长帮忙，总想着还是自力更生靠自己好。无奈之下，他敲开了银行行长钱满满的办公室大门。

“欢迎方经理来我们牛油果银行！让我来猜猜您今天找我是为了何事。”钱满满看到方应来拜访，笑盈盈地欢迎他，“电影院升级计划已经做好，要开始筹措资金了！我猜得对不对？”

“果然什么都瞒不过您！”方应尴尬地笑了笑，“自上次智囊团会议之后，我便立刻着手做了电影院的升级计划书。”他一边说，一边递上打印好的计划书给行长看，“现在资金确实是大问题……”

“资金有问题，来找我就对了！我们银行也正想找像牛油果电影院这样的优质客户呢！”钱满满的热情让本来有些不安的方应放松下来。

钱满满泡了一壶牛油果茶，给方应和自己的杯子都倒满，然后仔细地给方应解释了这中间的逻辑。

“居民们努力工作赚了很多钱，除了日常开支外，还剩下一些钱。如果把钱放在家里，不仅不安全（可能会被偷、被水淹、被虫蛀），更无法实现‘钱生钱’。也就是放在家里的钱，数目是不会平白无故变多的。但是，将钱存在银行里就不一样了。存在银行里，银行会付给存钱的居民额外的报酬，也就是利息。存在银行里的钱越多，利息就越多。

“对居民们来讲，选择把钱存进银行比把钱放在家里好太多啦！但是为什么居民们存钱不付银行保管费，银行反而还要付居民们额外的钱呢？这是因为银行会把居民们存的钱集中起来，借给那些需要用钱的人或者公司，而那些借钱的人则需要付给银行额外的报酬，即贷款利息。银行因为居民们存钱，才能把一定数量的钱再借出去赚钱，当然要付给存钱的居民们报酬啦！

“所以，银行必须把钱借出去，才能赚取报酬，进而支付给存钱的居民们利息啊！”

“哈哈，您这么解释，我感觉心里舒服多了。毕竟，我是向银行贷款，然后会付给银行利息的人，然后你们银行才能给小镇居民发存款利息！顿时觉得自己好有价值感呢！”

“当然，当然。不过，我们既然借钱给需要的人或公司，就会面临贷款无法收回的风险。如果借款人未能还款，那我们损失可太大了，不仅没收到贷款利息，借出去的钱也收不回来了。这个借出去的钱叫本金，那就是本金加上利息一起损失了，相当严重。”

“我信誉很好的！您放心，我们绝不会拖欠贷款的！”方应听钱满满讲到风险问题，赶紧表明自己的态度。

“所以，我们也不是谁来贷款都会同意的，我们要做很多审查工作，尽量降低风险。说简单点，就是两方面：首先是我们在放贷之前的审查，要仔细地研究分析申请贷款的人不还钱的概率高不高，容不得半点马虎，要是分析结果显示借款人很可能无法还款，那么就不会放贷；其次，如果真的发生了无法还款的情况，该怎么补救呢？比如可以提前约定，如果无法偿还贷款，就强制出

售借款人的房产来还款。如果牛油果电影院贷款还不上的话，我可是要扣下房子的哦！哈哈！

“总之一句话，银行是希望贷款给需要的人来赚利息的，但一定要最大可能保证借出去的钱安安全全还回来。所以，牛油果电影院的升级改造，一定得仔仔细细算好这笔账。毕竟，您是要支付很多利息给银行的啊！”

“是这个道理，我都明白了！我现在就去准备牛油果电影院申请贷款的资料！”方应语气里满是兴奋，一扫之前的萎靡，“另外多说一句，我发现这牛油果茶特别好喝！”“哈哈哈哈，那下次再来喝！这可是我从富勒先生那里买的最好的牛油果制成的呢！”

如果可以顺利从银行贷款，用这笔资金进行电影院的升级改造，接下来电影院的发展前景将越来越好，也能赚更多的钱来还银行贷款和支付贷款利息。而牛油果果小镇的居民们，又可以看到那个具有50年历史、曾经热热闹闹、如今焕发新生的牛油果电影院了！

这银行的作用也太大了！它是让牛油果电影院重新焕发生机道路上不可缺少的一环啊！

“为了还清贷款，必须更加努力地工作！”方应在心里对自己说，他的斗志再次被激发出来！

经济学小锦囊

银行

经营和管理货币资金的机构。银行有多种类型，我国比较常见的有中央银行和商业银行。在中国，中央银行是指中国人民银行，简单来说，就是银行的银行。中国人民银行虽然叫“银行”，但是和其他银行的业务区别很大，其主要职责是管理其他银行，并为其他银行制定规章制度。那我们常说的银行，比如牛油果电影院经理去贷款的银行，是商业银行。中国银行、中国工商银行、平安银行、招商银行等，这些都是商业银行。

储蓄

指人们把未消费的钱存起来。存到银行的钱，银行根据存款的金额和存期长短，支付给储户（存款的人）相应的利息。储蓄的时间越长、金额越大，那么所获得的利息也就越多。

贷款

银行等金融机构借钱给需要的人或者企业，并从中收取一定的利息作为报酬。贷款要付给银行的利息比存款银行要付出的利息可高多了。但也不是谁去申请贷款，银行都会同意的，银行也要审查贷款资格，主要是为了降低贷款无法偿还的风险。

来了个 AI 设计师

咚咚咚……有人敲门。

周末在家，韬韬已经连续工作了 5 小时，要不是有人敲门，他可能还会一直坐下去。他站起身揉了揉腰，打开了门。

“你是……”韬韬愣住了，有点面熟，又一下子说不出对方的名字来。

“韬韬！你认不出我了吗？”门口这个穿着条纹 T 恤衫和牛仔裤的年轻人笑盈盈地问。他笑起来还有个酒窝！

“天哪！你是夏布斯！你怎么变化这么大，我都不敢认了！”年轻人笑起来的酒窝让韬韬突然间认出了他。

夏布斯是韬韬的初中同学，初中毕业时，因为夏布斯爸爸工作调动，他们全家搬到了另一个小镇。夏布斯和韬韬虽一直有书信往来，但从初中毕业起，他们再也没有见过面。他们在信中说着各自的生活和思考，还会说很多有趣的事，彼此鼓励，一路升学直至读研。硕士毕业后，韬韬回到牛油果果小镇工作，而夏布斯继续深造，攻读了博士学位。

最近这几年，韬韬全身心扑在了工作上，和夏布斯好久没有联系了。这次两个人见面，真是有好多好多话要说。

夏布斯递上了手里的纸袋："喏，给你的，知道你最爱这个！"韬韬打开袋子一看："哈哈，就知道你最懂我。"原来是牛油果奶昔。初中时，每次放学路上，韬韬都会买一杯牛油果奶昔喝。仿佛只有喝了牛油果奶昔，才算真正圆满地结束了一天。

夏布斯和韬韬说着他的近况。他博士期间专攻人工智能，毕业后便自己创业开了一家 AI 机器人公司，并回到了家乡牛油果果小镇。

当夏布斯说起自己的专业是人工智能的时候，韬韬眼睛一亮，他满脑子都是牛油果电影院的问题，迅速把老同学的新项目和电影院的升级改造结合了起来。

"夏布斯，你还记得牛油果电影院吗？"

"市中心那家电影院？我们小时候总去的那家？"

"没错！现在牛油果电影院的经营遇到了一些困难，要做升级改造。基本的方案我们都制订好了，不过你公司的 AI 技术或许能为我们带来一些创新？"韬韬提出了合作的建议。

"感谢镇长的提议！"夏布斯笑着说，"我真的挺有兴趣，我现在的创业项目刚刚起步，正需要一些合作来探索市场，如果能帮助牛油果电影院走出困境，同时也能宣传我的 AI 系统，就是双赢的局面！”夏布斯挺兴奋，充满了年轻人创业的激情。

夏布斯几乎一夜没睡，连夜做好了 AI 影厅的计划。第二天一早，顶着黑眼圈，他就来找镇长和方应经理开会讨论方案。

方应看到镇长找来了 AI 技术专家参与电影院的升级项目，感激之情溢于言表，甚至有些感动。

夏布斯演示着他的方案，除了那对黑眼圈，看不出他刚刚经历了一个不眠之夜。

夏布斯计划利用目前电影院闲置的一个影厅，打造

一个AI特色影厅。在这个影厅里，观众不再仅仅是观众，他们只需戴上一种类似大眼镜的设备，就可以变成电影中的一个角色，在电影中亲身体验剧情。这简直太有创意了！甚至完全避开了和苹果果影城、无花果电影院的竞争！

“这就是‘稀缺’！”方应突然说，“智囊团会议上讨论到的‘稀缺’，这里竟然又出现了，我们打造出了一个新的‘稀缺’产品啊！而且这样一来，我们AI影厅的票价就可以贵一点，毕竟稀缺嘛，嘿嘿。”看来方应已经很好地理解了供给和需求的关系。

“对！我们用‘创新’来创造‘稀缺’！”韬韬说道，“科技不断地发展，之前我们想都不敢想什么AI影厅，现在已经可以去尝试了！”

“这就是创新的力量！”夏布斯自豪地说。

经济学小锦囊

创新

创造出新的产品、技术或服务。创新可能会提高效率，降低成本，或是开辟新的市场，从而增加收入。

经理笑了

牛油果电影院经过两个月的闭关升级，终于在这一天重新对外开放。韬韬镇长、牛油果庄园主富勒、银行行长钱满满、博物馆馆长晏子先生以及夏布斯都早早地来到了电影院。方应更是几乎忙了一整夜，为今天的电影院开幕仪式做准备。

居民们陆陆续续都来了，他们将车停到了隔壁的写字楼停车场，步行过来很方便，每个人都领到了一份牛油果电影院纪念票。大厅修整一新，“50岁的牛油果电影院”主题展览区域厚重又现代，还专门给小观众们设计了电影院历史的互动体验设施。AI影厅正式亮相，上映着首部AI电影《寻找牛油果》，由于每次只能进去十几名观众，大家有序地排着队等待体验。洗手间变得更加干净，售票实现了全自动，牛油果汁也有机器人来回递送……

未来，还可能遇到什么新问题、新挑战，但我们的方应经理也变得越来越能干。你看，他看着牛油果电影院里满是来看电影的观众，笑得多么开心！

经济学小测试

1. 关于劣质商品

经济学中的“劣质商品”是指：

A. 质量差的商品

B. 随着消费者收入增加而消费量减少的商品

C. 价格低廉的商品

D. 对环境有害的商品

2. 关于供给与需求

电影院洗手间不干净，可能导致：

A. 需求增加

B. 需求减少

C. 供给增加

D. 供给减少

3. 关于稀缺

根据这个故事情节，经济学中的“稀缺”概念在牛油果电影院的情况中体现为：

A. 电影票的供应量和座位数

B. 电影院的独特历史和 AI 特色影厅

C. 电影院的地理位置

D. 电影院的低票价

第二章

CHAPTER 2

龙卷风来袭

人物介绍

五彩菜场老板孔明

经营着五彩菜场，遇事反应迅速，行动能力强，始终牢记自己开菜场的初衷是为了赚更多利润。

常乐菜场老板徐庶

经营着常乐菜场，心思缜密，热爱烹饪，他能准确地告诉你哪种蔬菜最适合做哪道菜，很喜欢分享一些独特的烹饪技巧。

蔬菜供货商阿福和儿子小福

他们是牛油果果小镇邻近的火龙果果小镇居民，阿福是一名蔬菜供货商，他从菜农那里收购蔬菜，再集中销售给各大菜场。

小福是阿福的儿子，聪明机灵，富有创意，擅于创新。

开开妈妈

牛油果果小镇居民，负责全家六口人的一日三餐。她有个正在读初中二年级的大儿子和一个正在上小学的小儿子开开。

龙卷风来了

牛油果果小镇的生活总是平静而有序。小镇的居民们享受着四季的变换：春天的花海，夏日的绿荫，秋天的丰收以及冬日的静谧。然而，这份宁静即将被一场突如其来的龙卷风所打破。

早在半个月前，电视、网络、广播和报纸就开始预报这场名为“飞天”的龙卷风了。

“即将登陆的龙卷风‘飞天’，是小镇近百年来风力最强的一次，预计将从小镇的南部登陆……”电视台甚至启动了24小时不间断直播，实时更新关于“飞天”的最新动态。用“飞天”作为这次龙卷风的名字，也实在是恰如其分。

牛油果果小镇近百年来还没有遭遇过如此强烈的风暴，小镇各个部门的工作人员都紧张地做着全方位的检查和准备工作。

韬韬镇长已经好几天没有回家了，晚上他就睡在办公室的折叠床上，方便随时投入抗击龙卷风的指挥工作中。

睡得不好，加之连日的忙碌与紧张，韬韬显得有点疲惫，大大的黑眼圈非常明显。又是一个寂静的深夜，韬韬看了一眼时间：凌晨三点。他关上电脑，热了一小杯牛油果牛奶，准备喝完这杯奶休息一会儿，明天一大早就是一场各部门的协调会，不能迟到。

他躺在床上，明明已经累极了，却偏偏睡不着。这些天的种种情景，在脑海中就像放电影一样。

从气象部门得知龙卷风要登陆的消息，到此刻已经过去整整一周。韬韬迅速响应，成立了抗击“飞天”龙卷风临时工作小组，各部门都派出了最得力的干将，共同参与这场“战役”的准备工作。有专门负责居民房屋检查、加固的，有负责制订停工停课安排的，有提供保障物资储备的……大家各司其职，忙碌又有序。

作为总指挥，韬韬镇长要掌控全局，“要尽最大可能保障小镇居民的安全，尽最大可能保证大家的财产不受或少受损失！”年轻的镇长暗下决心。

距离龙卷风预计的登陆时间，只剩下最后两天了。

“请各家各户注意，百年一遇的龙卷风‘飞天’即将登陆本镇，大家务必做好防护准备！”小镇的广播系统不断循环播放着这条紧急通知，提醒居民们即将面临的自然灾害。手机上也不断接收到关于“飞天”最新位置和强度的推送消息。

居民们严格遵守规定，检查自家的房屋，并且储备了充足的食物。学校老师们已经把作业都安排好，因为接下来几天会停课，孩子们就在家学习。五年级小学生开开和他上初中二年级的哥哥也准备好了书和桌游，打算借着这两天不能出门的机会，学习之余看书、玩桌游。这样的机会很难得，他们甚至有点期待。

小镇安全部门和消防队正在进行一遍遍的巡查，哪怕一丁点的漏洞都要找出来。韬韬在指挥部的大房间里，保持着高度的清醒和警觉。直到所有的预防措施都落实到位，韬韬的心里才稍微放松了一些。

忽然，电话响了。

“韬韬啊！家里都安顿好了，你这几天还回来吗？”是韬韬妈妈打来的。

“哎呀，妈妈，家里一定要检查好，尤其是阳台的门窗，吃的喝的都储备够了吗？”韬韬有点自责，赶紧询问家里的情况，这些天他都没有回过家，一直住在办公室。

“我们这边都没问题，你还好吗？什么时候可以回家？”妈妈关切地问。

“妈妈，我最近还是不能回家，要一直在指挥部待命，有什么突发情况我可以第一时间解决。你们一定要照顾好自己，等‘飞天’走了，我安排好工作就会立刻回家！”韬韬有点抱歉地说。

两天后，当龙卷风真正降临时，人们发现它的威力远远超出了预期。天空中乌云密布，雷声轰鸣，风速之快，仿佛连时间都被扭曲。小镇的中心广场上，那座历史悠久的风向标在风暴中剧烈摇摆，它的指针在狂风中疯狂旋转，似乎在诉说着这场风暴的猛烈。

居民们躲在家中，听着外面风声如野兽般咆哮。尽管这是大家第一次经历如此剧烈的风暴，但内心并没有那么紧张，毕竟之前的准备工作做得很充分。

路上空无一人，只有树木在风中摇曳，坚强地挺立着。韬韬站在指挥部的大屏幕前，紧张地关注着“飞天”的动态。

“飞天”终于“飞”离了小镇。风暴过后，阳光重新照耀着小镇。韬韬依然没有回家，他留在办公室，关注着龙卷风带来的破坏情况。

城区的情况相对较好，居民们的房屋基本没有遭受重大损害，也没有人员伤亡。然而，郊区情况有点糟糕，很多树都倒了，有些道路被破坏了，郊外的菜园和果园更是一片狼藉，农作物被摧毁，不少果树被连根拔起。

韬韬紧锁着眉头，暗暗思考：“接下来的重点必须放在解决居民的蔬菜供应问题上。”

蔬菜涨价了

“‘飞天’已经远离我们牛油果果小镇，大家可以安心出门了！”龙卷风结束的消息铺天盖地。“我们全镇无一人伤亡！”“镇长带我们前期准备得真好！”韬韬取得的成效成了居民们热议的话题。

韬韬却没有闲下来，郊区的情况，他无法忽视。

居民们在家已待了两天，迫不及待走出家门。小公园里又能看到锻炼身体的老人和玩耍的孩子。小学生开开的妈妈却急着要去菜场买新鲜的蔬菜。这几天闭门不出，家里储备的蔬菜已经所剩无几，还有一些也不太新鲜了。开开妈妈负责全家六口人的吃饭问题，没有蔬菜怎么行！

离家最近的五彩菜场走路五分钟就能到，开开妈妈拎着菜篮子就出发了。快到菜场的时候，远远就能看到菜场围着好多人，“看来大家的存货都不多了。”开开妈妈心想。

然而让开开妈妈没想到的是，她好不容易挤进人群，来到菜场的摊位前，却惊讶地发现：摊位上空荡荡的，仅剩下几筐土豆和两大袋白菜。

开开妈妈不死心，追着摊主问："有没有黄瓜？我想买点黄瓜！"

"哎呀，郊区的菜园被龙卷风破坏得很严重，现在我们只有土豆和白菜了！"摊主无奈地说。

开开妈妈心想，买点白菜也行，家人都很爱喝白菜豆腐汤。一会儿去远一点的菜场看能否买到黄瓜，"那我就买点白菜吧！帮我称这两颗！"开开妈妈指了指两颗看上去没有什么瑕疵的白菜。

"好嘞！"摊主利落地把两颗白菜放到了秤上称重量，"一共8斤！"秤上清楚地显示着"4千克"，"一共40元。"摊主一边说，一边将白菜装袋。

"什么？多少钱？"开开妈妈好像没有听清楚，又问了一句。

"白菜5元一斤，一共8斤，共40元。"摊主又说了一遍。

"你没搞错吧？"开开妈妈觉得不可思议。

"没错，"摊主无奈地说，"菜园这次受龙卷风的影响很大，价格都涨了很多。"

这些平日里价格实惠的蔬菜，如今却像是镀了金一样，价格高得让人咋舌。开开妈妈有点抱怨："怎么龙卷风一过，就把蔬菜的价格给卷高了啊！"

“唉，菜园被破坏得很严重，损失很大，现在能拿出来卖的新鲜蔬菜所剩无几，东西少，买的人多，价格就变高了。”

开开妈妈默默地叹了口气：“那我还是先不买了，谢谢！”她决定去远一点的常乐菜场碰碰运气，希望那里的菜价能合理一些。

没想到，经济学中的“稀缺”原理，实实在在地在身边上演了。可以卖的东西少，需要买的人多，商品价格自然就不会低。

“也不知道常乐菜场的情况会怎么样。”开开妈妈估计那里的情况也不会好到哪里去。

果然，常乐菜场也没有黄瓜卖，白菜还有几颗，但看上去伤痕遍布，也没那么新鲜了。开开妈妈犹犹豫豫的工夫，这几颗卖相不佳的白菜也被买走了。开开妈妈问了下价格，天哪，8 元一斤，比五彩菜场的还要贵！价格高得让人心疼，种类也是一样少得可怜。

这么一对比，开开妈妈觉得还是回到家附近的五彩菜场买 5 元一斤的白菜比较划算，看来现在也没有更好的选择了。

开开妈妈心里愈发着急了，出来这么久，菜篮子竟然还是空空的，她的步伐不由自主地快了起来。

终于走到了目的地。“老板！”开开妈妈气喘吁吁地喊道，一只手支撑着腰，“给我来两颗白菜！”

“哎呀，白菜已经卖完了。”摊主抱歉地和开开妈妈说。

开开妈妈的心都要凉了，今天这是买不到菜了吗？顾不上累，她赶忙问摊主：“你这里还有什么菜？”

“只剩土豆了，6 元一斤，价格涨了挺多。”不等顾客抱怨，摊主自己先说了。

“真的是涨了很多，原来 2 元一斤，足足涨了 3 倍，还是买一些吧！”开开妈妈已经没有其他选择了，生怕犹豫到最后，连这高价土豆也买不到，家里六口人，还是尽量吃新鲜的蔬菜比较好。可价格真是太高了，本来可以多买一点，现在就精打细算，先满足这一两天的需要吧。

这大概是开开妈妈买过的最贵的土豆了。真是被死死拿捏，菜是非吃不可，就算价格离谱也得买啊，蔬菜对于全家人的健康太重要了！难题还在后面，她已经开始盘算着如何用这些有限的食材为家人做出一日三餐。

“今天可以吃土豆，明天该怎么办呢？”开开妈妈忍不住想，可是又想不出答案，只能摇摇头，叹了口气：“唉，先过了今天再说，也许明天会有转机呢？”

经济学小锦囊

供需关系

菜商供给蔬菜，居民需要蔬菜。但龙卷风导致蔬菜供应量减少，而居民的需求却丝毫未减。这种供需平衡发生了变化，从而推高了价格。

需求弹性

在第一章《新镇长的难题》中，讲到了需求弹性，即价格升高，需求通常就会下降。需求究竟会下降多少，即需求对于价格变化的反应，就是需求弹性。例如，土豆价格升高，开开妈妈也调整了需求量，精打细算，减少了购买量，这种需求量的变化，就是需求弹性。

刚性需求

蔬菜是生活中不可或缺的，即使价格再高，居民也需购买。这就是经济学中的刚性需求，即无论价格如何变化，需求总是相对稳定。在需求弹性中，刚性需求指的是需求弹性很小的情况。

菜场老板从隔壁小镇进货支援啦

在牛油果果小镇的五彩菜场，摊主孔明正焦急地看着熙熙攘攘的人群。龙卷风过后的蔬菜供应量大减，他的摊位却因为还能提供一些蔬菜，意外成了小镇上最受欢迎的地方之一。

居民们排着长队，只为能买到一些新鲜的蔬菜。孔明看着这一切，心里却像打翻了的五味瓶，酸甜苦辣咸，什么滋味都有。

“大家这么热情，可是我却供不上货。”孔明焦虑极了。

凭着多年在市场中卖菜的经验，他非常清楚这是一个赚钱的好机会，但他的库存已经见底，而且小镇周边的菜园都被龙卷风破坏了，他急需找到新的进货渠道。这已经成为眼前最重要的事了。如果能找到货源，就能解决居民们的蔬菜需求，又可以赚上一大笔钱，简直是两全其美，双赢啊！

然而，货从哪里来？

孔明首先想到的是距离牛油果果小镇最近的火龙果果小镇。几年前，在菜商展会上他结识了火龙果果小镇的一位蔬菜供货商，名字似乎叫阿福，只是之后疏于联系，也不知道对方是否还记得他。不过都这个时候了，总要试一试。

孔明翻箱倒柜地找出当年的名片，拨通了阿福的电话。没想到，阿福竟然还记得牛油果果小镇的孔明！

“我当然记得你，就是和三国诸葛先生同名的那个人嘛，哈哈哈哈……”阿福很健谈，一下子就拉近了和孔明之间的距离。

孔明向阿福说明了来电话的目的，阿福听后非常高兴，他认为这样既能帮牛油果果小镇的居民，也能帮孔明，自己还能赚钱！一举三得！

阿福挂断电话后，立刻开始去准备各种蔬菜。一定要用保鲜装置，确保蔬菜在到达牛油果果小镇居民的手中时依然是新鲜的。孔明也没有闲着，赶紧联系还在运营的运输队。孔明的工作有点难度，因为龙卷风的破坏，通向火龙果果小镇的道路受到很大影响，目前只有一条路可以通行，而且为了确保交通安全还在限制通行的流量。孔明联系的运输队中只有一家可以马上出发，但是运费也是让人咋舌，比原来贵了好多。

“能提供运输的车队少，价格就高。”孔明明白“供需关系”这个经济学原理，在这种特殊时刻，也只能接受现实了。

新鲜的蔬菜从火龙果果小镇阿福的仓库出发了，它们就像一个个即将上战场的战士，身着保鲜袋如同铠甲一般。阿福反复检查这些即将“出征”的蔬菜，确保它们保质保量地送到孔明手上。

孔明在自己的菜场也是忙碌地做着准备。五彩菜场的门口，海报小黑板再次发挥作用，上面写着：“明天8：00准时销售新鲜白菜、黄瓜、西红柿、冬瓜、茄子、胡萝卜，欢迎大家选购！”对于牛油果果小镇居民来说，这无疑是天大的好消息。不到半天时间，几乎全镇人都知道这个消息了。

一辆满载着新鲜蔬菜的大卡车缓缓驶入五彩菜场。孔明看着那些绿油油的蔬菜，心里的石头终于落地了。他仔细核算着各项成本：

1. 蔬菜的进价。阿福的供货价比起平常的价格翻了一倍。孔明太明白这价格并不便宜，但是如果再找其他的供货商还要花很久的时间，算来算去，耽误了时间，也就相当于少赚了钱，简单地讨价还价后，孔明还是接受了阿福的报价。

2. 运费。运输队的费用不容小觑，需要有保鲜功能的车，还能在道路情况如此复杂的时候顺利出发，这些条件已经让孔明别无选择了。

3. 包装费。为了确保远距离运输中蔬菜的完好无损，必须使用高级的保鲜和防撞包装。啊，又是一笔不小的成本。

孔明汇总了成本，发现如果还要多赚点钱，就只能提高售价。经过这两天的观察，孔明知道，虽然大家有些抱怨价格，但是抱怨归抱怨，还是会来买菜的。虽然

成本比之前高，但是价格只要比原来高出更多，利润就会很可观。孔明有点期待。

整个晚上，孔明忙碌地验货查货、整理货架，为第二天的销售做着准备。

第二天早上 7：30，五彩菜场开门时，来买菜的队伍已经排了两条马路。男女老少全都出动了。

开开也跟着妈妈一起来买菜："妈妈，我来帮你拿菜，今天一定会买很多，会很重，你拿不动的！"小男子汉的劲头十足。

妈妈也很开心："妈妈一会儿多买点西红柿，晚上我们可以做西红柿炒鸡蛋！"这道简单的菜已经好几天没有出现在开开家的餐桌上了。

大家排着队，秩序井然。菜价依然居高不下，和"飞天"来之前的价格相比，实在是高出太多了。然而，竟然没有人喊贵，菜的种类和数量也没少买，几乎每个来买菜的人，都拎着满满的大袋子回家，似乎要买到拿不动了才罢休。队伍虽然移动得缓慢，但货架上的蔬菜却迅速减少，每个人都买了很多，这一卡车来自火龙果果小镇的应急蔬菜，1 小时不到，已经销售一空。

孔明心里粗略一算，就知道自己这次利润翻倍了。看来接下来需要从阿福那里订购更多的蔬菜。他不由得喜上眉梢。

当阿福接到孔明需要再次采购的电话时，他也非常开心：“看来孔明赚钱了！他赚钱了，我也就能赚钱呀，真是皆大欢喜！”阿福和孔明分头忙了起来。阿福开始准备第二批新鲜蔬菜，而孔明则联系运输队多派一辆车。

菜的种类和数量都在增加，与此同时，悄悄增加的，还有价格。

孔明考虑到蔬菜是各家各户必须买的，就尝试着涨一点价，心想大家也许能接受。毕竟，蔬菜的需求弹性低嘛，而且现在牛油果果小镇只有孔明的五彩菜场才有这么多蔬菜供应。

果然，居民们看到价格提高，也就小小地抱怨了一下，但还是买了很多菜回家。

随后，阿福和孔明继续供应第三批、第四批、第五批……价格也是逐步上调，一点点、一点点地增加。在这个过程中，阿福和孔明都赚取了丰厚的利润。

直到有一天，孔明再次提高了价格后，发现来买菜的居民变少了，这是第一次从阿福那里进的蔬菜没有全部卖出去。大家已经无法接受这个高价格了。孔明心里明白了，已经到了临界值。居民们因买到新鲜蔬菜而获得的满足感和幸福感已经随着价格上升，越来越少了。

而那只“看不见的手”正在发挥作用，无论是居民们的需求，还是阿福的供货，都在这只“手”的调节下有了新的变化。理性的孔明意识到：不能再涨价了。

经济学小锦囊

稀缺

大家已经很熟悉的“稀缺”在这里又出现了。无论是火龙果果小镇的蔬菜（因为孔明只认识阿福这一位供货商），还是运输队的车（由于路没有修好，能通行的车很少），抑或是牛油果果小镇能提供新鲜蔬菜的菜场（目前只有五彩菜场有新鲜蔬菜），都因为稀缺，导致价格上涨。居民需要蔬菜，但龙卷风导致蔬菜供应的减少，而居民的需求却丝毫未减。这种供需关系的失衡，推高了价格。

“看不见的手”

这是一个著名的经济学概念，最早由18世纪英国经济学家亚当·斯密在《国富论》里提出，用来描述在市场交易中，不用人为干预，市场就能通过价格的变化调节到最合适的状态。孔明为了追求更多的利润，不断地涨价，但究竟涨到什么时候才停下来呢？答案是等居民们觉得无法再接受的时候，自然就停止上涨了。

镇长热线：买不起蔬菜了

这几天，韬韬镇长办公室的热线电话此起彼伏，几乎没有停过。居民们纷纷拨打镇长热线，他们的声音中充满了焦虑、不满和无奈。

“镇长，您得管管这菜价啊，这价格涨得我们都快吃不起了！”电话那头，一位居民焦急地说。

“镇长，菜价涨得太离谱了，我们这些退休老人的养老金都不够买菜了。”另一位居民的声音里带着一丝哽咽。

韬韬坐在办公桌前，手中的笔在纸上飞快地记录着居民们的诉求。他眉头紧锁，他知道这场龙卷风不仅摧毁了小镇的菜园，也打乱了蔬菜市场的供需平衡，导致菜价飙升。

“请大家放心，我会尽快解决这个问题的。”韬韬镇长安抚着居民们，他的声音坚定而有力。

韬韬明白，目前五彩菜场几乎垄断了小镇的蔬菜供应，他打算从打破孔明的垄断局面入手，这是能最快看到成效的办法了。

正当韬韬准备召集各个部门开会讨论时，办公室的同事跑进来向韬韬汇报："镇长，菜价的问题好像已经解决了！现在菜价很便宜，比'飞天'来之前还要便宜呢！"

"咦？这是怎么回事？"韬韬心生疑惑。

这些天，五彩菜场独占了蔬菜的供应渠道，孔明因此赚得盆满钵满，这让常乐菜场的老板徐庶羡慕不已。他站在自己的菜场前，看着空荡荡的摊位发愁，心想："要不我也学习一下孔明的做法，去其他小镇进货吧！"

徐庶没有直接认识的菜商，就去互联网上搜索。通过搜索，他发现蔬菜的供应商，除了火龙果果小镇的阿福外，还有无花果果小镇的阿欢、苹果果小镇的阿吉等。徐庶打算都联系一下，他清楚地知道，要想赚钱，并且在和五彩菜场的竞争中取胜，必须找到更便宜、更优质的货源。

做了仔细的比较后，徐庶与无花果果小镇的菜园老板阿欢达成了供货协议，阿欢的报价比火龙果果小镇的阿福稍低。运输队也谈好了，于是货源、运输，徐庶一一都解决了。他心里开始盘算蔬菜的售价。

目前居民们已经习惯去五彩菜场买菜了，要想吸引他们转而来常乐菜场，一定要有点诱惑才行。

"我们的蔬菜品质都差不多，只要价格比五彩菜场的低，大家就会愿意来我们常乐菜场！"徐庶和员工们说，

“再说我们的进价也比他们的要低，就算售价低一点，赚的钱也不一定少！”

徐庶盯准了五彩菜场的售价，决定将所有蔬菜的价格都定得比五彩菜场便宜一元钱。

“常乐菜场也有新鲜蔬菜了！价格比五彩菜场要低呢！”这消息在牛油果果小镇里传得飞快，五彩菜场门前的买菜队伍变短了。

“哇，常乐的黄瓜比五彩那儿便宜一块钱呢！”一位居民惊喜地说。

“是啊，是啊，我得多买些。”另一位居民也跟着说。

这个策略很快奏效，居民们纷纷转向常乐菜场，五彩菜场的生意开始受到影响。孔明看着稀疏的顾客，心里有些不是滋味。他意识到，如果不采取行动，他的菜场很快就会失去更多顾客，而且新鲜的蔬菜无法长时间存放，需要尽快销售。竞争已经悄然来临，他必须做出应对。于是，孔明也决定降低价格，比常乐菜场再便宜一元钱。

“降价！我们必须降价！”孔明对他的员工说。

两个菜场的竞争，正式拉开了序幕。五彩菜场的广告牌很快也换了新的：“新鲜蔬菜，永远比某菜场少一元！”居民们看到这一幕，又回到五彩菜场买菜。

“看来，我们得再降一点。”徐庶看着五彩菜场的新招牌，决定再次降低价格。

“我们继续降！”孔明也不甘示弱。

就这样，两个菜场开始了一场激烈的价格战。你降一元，我降一元，最终，菜价降到了居民们意想不到的低价。居民们惊喜地发现，他们可以用比“飞天”来之前还要低的价格买到新鲜蔬菜。

然而，对于五彩菜场的孔明和常乐菜场的徐庶这两位老板来说，谁抢到更多的顾客了吗？谁赚到了更多的钱呢？他们拼命地敲计算器，却发现怎么算都是亏损惨重，无论是孔明，还是徐庶。

经济学小锦囊

竞争

经济学中的一个基本概念，指的是在市场经济中，为了争夺有限的资源，不同的经济主体（如企业、个人）之间所展开的相互竞争。在牛油果果小镇的菜商竞争中，五彩菜场和常乐菜场都在争夺小镇有限的居民（消费者）资源，希望他们来自己的菜场买菜。

价格竞争

企业通过设定较低的价格来吸引消费者，从而增加市场份额。两个菜场用降价的方式进行竞争，希望吸引更多的居民光顾。除了价格竞争，还会有非价格竞争、创新竞争、品牌竞争等。总体来说，企业间的竞争对消费者来说是有利的。例如，居民们可以用非常低的价格买到新鲜蔬菜。但是过度的竞争也会有负面效果，会破坏市场的正常秩序。

镇长热线：菜变得更贵了！

镇长办公室里的电话铃声又开始此起彼伏，同事们忙着接听一个个电话，大家越听越心生疑惑。

这些电话都来自小镇的居民，出人意料的是，他们再次投诉高菜价。

“镇长，您得管管啊，这菜价怎么又涨上去了？”一位居民焦急地询问。

“韬韬镇长，这菜价刚刚便宜了几天，怎么突然又涨得这么厉害了，现在连最便宜的土豆都买不起了！唉……”另一位居民也表达了自己的不满。

韬韬镇长眉头紧锁，他决定先了解一下这几天究竟发生了什么事，这菜价怎么就从低谷又回到高峰了呢？

五彩菜场的老板孔明和常乐菜场的老板徐庶，这几天精神都高度紧张，每天亏损的数额让他们心痛极了。孔明几乎把前些天赚的钱都赔了进去，徐庶的情况更严重，尽管他的菜进价低，成本也相对低，可是一分钱还没赚呢，反倒亏了个底朝天。这样的情况还能坚持几天？孔明和徐庶都这么想。

“这个办法应该可行……”孔明在办公室里踱了一圈

又一圈，似乎想到了解决方案。他回到办公桌前，拨通了徐庶的电话。孔明苦笑，这几天的恶性竞争，没想到竟然要以主动与徐庶商量解决办法来收场。

两位菜场老板约好第二天下午在牛油果咖啡厅面谈。

孔明提早到了，挑了个靠窗的角落位置，买好了两杯牛油果咖啡，等着徐庶。徐庶准时赴约，还给孔明带了礼物：他妻子亲手做的牛油果车轮蛋糕。两个人客客气气，友好极了，完全无法想象不久前他们还陷在“你降一元我降一元”的恶性价格竞争中。

没有过多的寒暄，孔明直奔主题：“徐庶，你看，我们现在亏损如此严重，要不我们停止竞争，不要继续降价了？”徐庶赶紧附和，看来他心里早就这么想了，这几天的降价不过是硬撑而已。

“要不我们联合起来，统一菜价？”孔明试探着说。

徐庶放下手中的咖啡杯，他知道，孔明的提议意味着什么。如果两家菜场联手，他们就能控制小镇的蔬菜市场，避免恶性竞争，共同分享利润。如果这样的话，他们定高一点的价格也没关系，但是孔明会不会偷偷降价呢？

孔明好像看出了徐庶的担忧，不等他问，继续说了下去：“我们签个合作协议，列好赔偿条款，如果我们有人偷偷违约降价了，要支付给对方一笔赔偿金，你看这样可好？”

孔明的话说到了徐庶的心坎里。这次在牛油果咖啡厅的碰面中，他们俩达成了一个秘密协议，决定共同提高蔬菜价格，以期获得更高的利润，至少要把这几天亏的钱赚回来。

第二天，五彩菜场和常乐菜场同时更换了销售广告，价目表也做了统一调整。很多居民发现五彩菜场的价格大幅提升，想换去常乐菜场买，然而他们惊讶地发现，两边的价格一样——都一样的贵！

居民们苦不堪言，这刚性需求的蔬菜不买不行啊！大家只能高价买了蔬菜。两位老板在这样的高价策略下，亏损迅速得到了弥补，晚上结算时看到账户上盈余的数字，他们开心得不得了，心想，这垄断菜场的感觉可真不错啊！

然而，居民们的心情却从失望转为愤怒：“你们这是在抢钱吗？”蔬菜价格这么贵，但居民们的收入并没有增加，这样的生活成本真的是太让人焦虑了！一个个电话打进了韬韬镇长的办公室。

韬韬镇长皱着眉头，他意识到情况的严重性。五彩菜场和常乐菜场的行为，在经济学中被称为“串谋”，这种行为破坏了牛油果果小镇蔬菜市场的公平竞争，导致了今天的不利局面。

“这可不行，我们得采取行动。”韬韬镇长自言自语道，他决定介入这场“蔬菜垄断”事件。

韬韬在小镇会议室约谈了孔明和徐庶。两位老板既紧张又害怕：他们的“串谋”行为竟然被镇长发现了，他们的小聪明会不会带来大麻烦呢？

韬韬很严肃地对他们说：“我知道大家在这种特殊时刻都很困难，但是你们通过串谋定价来操控小镇的蔬菜市场，这不仅损害了居民们的利益，也破坏了市场的环境，你们的行为违反了反垄断法，这一点你们清楚吗？”

两位老板终于意识到自己所作所为的严重性。他们意识到，不能为了追逐高额利润就毫无边界地做事，即使是市场中的供给、需求、价格等要素，也不可以随意地操控。所有行为都必须在法律允许的范围内进行。这几天的做法，真的是破坏了小镇的经济环境啊！

他们二人赶紧重新考虑了菜场的定价策略，决定放弃串谋定价，而是根据各自的成本，来制定合理的价格。

“从今天起，我们将对蔬菜市场进行监管和检查，确保价格公平合理。”韬韬镇长回复居民们，“任何试图操纵市场价格的行为，都将受到法律的严惩。”居民们听到这里，纷纷鼓掌欢呼。他们知道，有了镇长的支持和承诺，他们再也不用担心买不起蔬菜了。

经济学小锦囊

垄断与寡头垄断

垄断是指市场上只有一个卖家，而寡头垄断则是指市场上的几个大卖家控制了大部分的市场份额。当孔明和徐庶两位菜场老板决定联手提高菜价时，他们的行为实际上构成了寡头垄断的一个典型案例。在这种情况下，孔明和徐庶通过统一定价，减少了市场上的竞争，从而能够操纵价格，获得更高的利润。通常情况下，垄断对于消费者是不利的。

串谋

两个或多个独立的市场参与者联合起来，通过限制竞争和操纵市场价格，以实现整个行业的利润最大化。孔明和徐庶通过秘密协议，共同提高了蔬菜的价格，这种行为损害了消费者的利益，破坏了市场的公平竞争环境。

政府干预

当市场这个“看不见的手”失灵时，政府就要出面进行干预，即政府为了促进公平竞争和确保经济稳定而对经济活动进行的管理和调节。当牛油果果小镇的蔬菜自由竞争市场出现问题时，韬韬镇长代表政府采取多种措施和手段，解决问题，并引导市场回归正轨。

小镇恢复如常

在接下来的日子里，韬韬镇长牵头在网上建立了一个蔬菜供货平台，他和同事们联系周围几个小镇的菜园主，请他们把可以供应的蔬菜种类、数量、价格，都上传到这个网络平台上，需要进货的菜场老板直接就可以在上面下单，解决了菜园主找不到买家、菜场老板找不到供货商的问题。大家的资源都集中到了这个平台上。

五彩菜场老板孔明的心情就像他摊位上的新鲜蔬菜一样，充满活力。自从韬韬镇长牵头建立的菜园供货平台上线后，孔明的采购工作变得轻松又高效。他不再需要四处奔波，只需在电脑前点点鼠标，就能从周边的小镇中挑选到最新鲜、性价比最高的蔬菜。

“哎呀，无花果果小镇的黄瓜看起来不错，价格也合理。”孔明一边浏览着网页，一边自言自语。他的目光在屏幕上快速扫过，就像在玩一个有趣的游戏。“火龙果果小镇的西红柿，哇，这个价格简直是白菜价啊！”孔明兴奋地点击下单，仿佛找到了宝藏。

而常乐菜场的老板徐庶也体验到了这个平台带来的

便利。他发现，通过这个平台不仅能够轻松找到货源，还能直接和菜园主沟通，了解蔬菜的生长情况，甚至还能定制一些特殊的品种。徐庶的菜场里，蔬菜种类更加丰富了，顾客们的选择也更多了。

“徐老板，你这里的蔬菜怎么这么新鲜啊？”一个老顾客好奇地问。

“这都是新供货平台的功劳，我可以直接从菜园主那里订货，新鲜直达。”徐庶得意地回答。

居民们的生活逐渐恢复了往日的宁静。他们在菜场里挑选着蔬菜，讨论着各自的烹饪心得，仿佛那场龙卷风从未发生过。小镇的孩子们在新落成的游乐场里追逐嬉戏，老人们在树荫下悠闲地下棋，一切都显得那么和谐。

而韬韬镇长，此刻只想放松心情，吃顿好吃的。

“妈妈，我今天晚上回家吃晚饭，煲个牛油果小排汤吧，太想吃了！”

“没问题，晚上等你回家吃饭哦！”

经济学小锦囊

信息壁垒

在市场交易中，由于信息不对称，部分市场参与者无法获取关键信息，从而影响了市场效率和决策质量。韬韬镇长创建的互联网平台，正是为了打破信息不对称造成的障碍。通过提供一个公开透明的信息交流平台，解决了菜园主找不到买家、菜场老板找不到供货商的问题，让供需双方获取和分享信息更容易，这样对于整个市场来说，才是实现资源最优配置的有效途径。

番外

⑤阿福的新麻烦

在火龙果果小镇的郊外，一片翠绿的田野里，蔬菜供应商阿福站在他的农场保鲜库外，望着满满的仓库，眉头紧锁。

原来，他的儿子小福听说牛油果果小镇的韬韬镇长要将附近所有蔬菜供应商的信息提供给菜场老板。阿福想：“这可糟了，以后会有很多蔬菜供货商加入竞争，保鲜仓库里的蔬菜可怎么办啊？”

原本他以为可以持续高价将蔬菜卖给牛油果果小镇的菜场老板孔明，因此他加大了收购力度，希望能大赚一笔。然而此刻阿福的心情就像那片被乌云笼罩的天空，阴沉而焦虑。小福安慰老爸：“我有个主意，让我来试试！”

在农场的一角，小福正忙着研究新技术。他是个充满创意的年轻人，总是有很多新点子。看着老爸愁眉不展的样子，小福灵机一动，提出了一个大胆的想法：“我们为什么不把这些过剩的蔬菜加工成蔬菜冻干脆饼呢？这样既能解决库存问题，又能找到新的销售渠道。”

阿福听了儿子的建议，眼睛一亮："蔬菜冻干脆饼？这个主意不错，我们可以把蔬菜的新鲜和脆爽口感保留下来，还能延长保质期。这样一来，我们不仅能在本地销售，还能尝试出口到全世界呢！"

说干就干，阿福和小福立刻着手研究蔬菜冻干脆饼的制作工艺。他们尝试了各种蔬菜组合，不断调整烘焙的温度和时间，最终成功研制出了既健康又美味的蔬菜冻干脆饼。这些脆饼不仅保留了蔬菜的营养，还因为独特的口感和便捷的包装而赢得无数好评！

这段时间一直埋头苦干的阿福父子，在研发有成果之后，才想起关心一下最近都发生了什么。

他们这才知道，牛油果果小镇的韬韬镇长已经把菜园供货平台搭建好了。没有想到的是，这个平台不仅集合了和阿福一样的蔬菜供货商，也集合了很多菜场买家在上面啊！阿福突然觉得，自己算是白焦虑了，这明明就是好事啊，本来只能卖给孔明的五彩菜场，现在通过这个平台可以让更多的菜场老板看到自己的菜啊！

小福因为自己之前对消息的一知半解，给老爸带来不少困扰，感到既紧张又内疚："老爸，那我们的蔬菜冻干脆饼是不是白做了？"阿福看了儿子一眼，笑着说："我还要感谢你呢，儿子，正因为你消息没有听全，才能让我们研发出这个冻干脆饼啊！”

卖蔬菜的那么多，然而，卖蔬菜冻干脆饼的，现在只有阿福一家。

“嗯，我要打造新的‘稀缺’产品，这大概就是我的新机遇吧！哈哈哈！”阿福想着想着，笑出声来。

经济学小测试

1. 关于“串谋”

在故事中，孔明和徐庶通过什么方式来操纵蔬菜市场价格？

A. 串谋定价

B. 提高服务质量

C. 增加广告宣传

D. 提供折扣和促销

2. 关于政府干预

故事中提到的“政府干预”在蔬菜市场中起到了什么作用？

A. 防止了价格操纵

B. 促进了市场的公平竞争

C. 保护了消费者的利益

D. 以上所有选项都对

3. 关于创新

阿福的儿子小福提出的蔬菜冻干脆饼的创意，展示了哪种经济学思维？

A. 创新思维

B. 风险规避

C. 成本领先

D. 多元化战略

第三章

CHAPTER 3

小岛旅行记

人物介绍

远远爸爸

一家科技公司的产品经理，工作努力、认真负责。刚刚升职，工作量多了好多，在努力平衡家庭和工作的关系。

远远妈妈

在牛油果果小镇的银行工作，是孩子们引以为傲的“温柔妈妈”。她珍视与孩子们共度的时光，空闲时间喜欢陪孩子们一起玩耍。

远远

六年级男生，12 岁。性格开朗，很独立，爱读书，爱思考，喜欢钻研问题。

晨晨

远远的弟弟，三年级小男生，喜欢运动，喜欢跟着哥哥一起玩，脑子里总有很多玩的花样。

犹豫的爸爸

夏日的阳光透过窗帘的缝隙，洒在远远的小床上，斑驳的光影像画一样。还没等闹钟响，远远就从床上爬了起来，今天是他的十二岁生日，也是他一个月前许下的生日愿望即将实现的一天。他的心中充满了期待。

时间转回到一个月前的那个周六，也是一个阳光明媚的清晨。爸爸妈妈问远远，十二岁生日想要什么礼物。远远使劲地想，好像调动了所有的脑细胞，在心里默默筛选各种愿望。“哎，想要的太多，一定得挑个最想要的！”冥思苦想之后，“嗯，应该就是这个愿望了……”

他按捺不住兴奋，大声地向全家人宣布他的生日愿望：“生日时正好是暑假，我想去芒果果小岛旅游！”

爸爸微笑着点了点头，妈妈也赞同地说：“听起来很不错哦，我们可以全家一起去！”她转头看向弟弟晨晨，“晨晨，你说呢？”

晨晨听着爸爸妈妈和哥哥的对话，意识到自己也能参与到哥哥的生日愿望中，真是太开心了，他赶紧点头：“嗯嗯，我们可以一起去芒果果小岛了！耶耶耶！”

接下来的那个星期，爸爸妈妈开始着手确定出行的具体时间。就在全家都期待着这个海岛假期的时候，又一件开心的事光顾了这个小家庭。

“你们猜猜，今天爸爸为什么这么开心？”爸爸下班回来，脸上全是笑容，还给妈妈和兄弟俩买了超大杯的牛油果奶昔。

“爸爸喜欢的篮球队赢球了！”

“爷爷奶奶要来看我们了！”

“爸爸买到了新上市的天文望远镜！”

“爸爸，是你买的彩票中了大奖吗？”晨晨一脸天真地问道，把爸爸妈妈都逗笑了。

妈妈走过来：“我猜是爸爸的项目通过审批了！”爸爸一把揽过了妈妈的肩：“还是妈妈厉害！不过也只猜对了一半！”

“爸爸快别卖关子了！”远远的耐心已经要没有了。

“好好好，我来公布这个好消息！我的项目通过了审批！”爸爸做了近一年的项目终于有了好结果，“除此之外呢……我升职了！”

“哇！老爸你实在是太棒了！”远远惊呼起来，晨晨和妈妈也笑着抱住了爸爸。

“这还不算，我的工资也涨啦！”爸爸兴奋极了。

真是美好的时刻啊，每个人都沉浸在温暖又快乐的氛围里，无论是对即将到来的芒果果小岛之旅的期待，还是未来全家生活的美好憧憬。

可就在芒果果小岛旅行计划即将付诸行动的时候，爸爸却突然犹豫了。远远有点不解，爸爸妈妈不是已经答应去芒果果小岛了吗？爸爸还升职加薪了，这么多好事，爸爸为什么又开始犹豫起来？

“爸爸，你不是说好了吗？我们可以去小岛上玩，还可以住在能看到大海的房间！”远远拉着爸爸的手，这个即将十二岁的少年，眼睛里闪烁着期待。

爸爸叹了口气："远远，这几天爸爸的工作突然多了很多，一下子忙了起来。"

妈妈放下手中的马克杯，温柔地说："这是远远十二岁的生日愿望，晨晨也很期待，我们不是说好了吗？工作先暂时放一放？"

爸爸的眼神中闪过一丝挣扎，他觉得这个选择有点艰难。如果现在选择请假出去旅行，那么因请假而减少的收入，比涨工资前多了很多。"这样损失有点多。"爸爸和妈妈商量道。"唉，是的，你现在请假的成本，也就是你放弃的收入，和之前相比变多了。"妈妈知道，这是"机会成本"，即因为做出一个选择，而不得不放弃的其他选择的价值。

爸爸坐在书桌前，手中拿着一支笔，轻轻敲打着桌面，思考着这个突如其来的好运。他知道，虽然工资涨了，收入增加了，但这也意味着公司对他的期望更高了。他需要投入更多的时间和精力来满足这些新的期望，而这可能会减少他与家人共度的时光。

他更加知道的是，他的时间变得比之前宝贵了，很多时候确实需要在工作和家庭之间做出选择。他如果选择不请假，这样会有更多的收入；如果选择与家人一起去芒果果小岛度假，这样收入会少很多。

考虑了好几天，爸爸最终做出了决定：由妈妈带孩子们去芒果果小岛度假，爸爸在刚刚接手新职位的时候，还是要留下来工作。

妈妈理解并支持爸爸的决定。远远和晨晨虽然还不太理解这些经济学的概念，但也似乎明白了爸爸的选择。

就这样，妈妈即将带着远远和晨晨踏上前往芒果果小岛的旅程，而爸爸则留在牛油果果小镇，继续他的工作。尽管这个假期他们分开了，但大家都清楚，这是为了家庭长远的幸福快乐而做出的最佳选择！

远远开始期待在芒果果小岛的一切：在海边捡贝壳、品尝当地美食，或许还能参加一场别开生面的沙滩派对。他还要给爸爸带礼物，他一个人留在家里努力工作呢。

经济学小锦囊

机会成本

在经济学当中，我们所有的资源都是稀缺的。比如时间、精力、金钱等，我们不能同时做很多事（或者选择很多商品），我们做了一个选择，可能就要失去选择其他的机会，那么放弃的那件事或商品的价值，就是机会成本。比如爸爸要去芒果果小岛度假，就必须请假，那么请假期间少赚的钱和少完成的工作，就是爸爸去度假的机会成本。

替代效应

当一个商品的价格出现了变化，那我们可能会在不同商品中重新做出选择。比如苹果涨价了，那我们可能会选择购买还没涨价的橘子来替代苹果。爸爸的工作时间和家庭旅行成了相互替代的选项，爸爸的工资涨了，使得“工作”比“旅行”更有吸引力，因此爸爸选择用“工作”来替代“旅行”，这对爸爸来说，是当前情况下的最优选择。

飞机票价格谜题

随着芒果果小岛旅行计划的确定，爸爸妈妈开始着手订机票了。远远希望赶紧订好机票，这样就可以离心心念念的芒果果小岛更近一步了。

妈妈前几天已经在网上大致浏览过机票，今天在机票预订平台上查看着各个航班的时间、航空公司、机型、价格等选项。妈妈一边查看，一边在小本本上认真记录着每一个细节。

“记得上次看的时候，这个时间段的机票还是1500元，今天就变成1800元了……”妈妈皱着眉头，有些抱怨，毕竟才这么几天，票价就涨了300元。

远远非常不解：“机票价格不是固定的吗？怎么这么快就涨价了呢？”

“航空公司会根据实际情况调整价格，”爸爸向远远解释道，“你会发现，价格有时变高，有时候会变低一些，不同的时间点价格会有差异，这很正常。”

远远还是一脸疑惑。

“哈哈，听爸爸给你们详细解释一下，就能明白啦！”爸爸笑着走过来，招呼正在看天文杂志的晨晨也一起来听。

“航空公司对于每一个航班，都有一个非常重要的目标，那就是把所有的飞机票都卖出去。为什么呢？因为每个航班只要起飞运行，就会产生很多成本，比如燃油费，飞行员和乘务员的工资等。哪怕只卖出去一张票，这些成本都要花出去。那对于航空公司来说，也太亏了吧，于是，他们就绞尽脑汁、想方设法把所有的飞机票都卖出去。

“那么飞机票的价格是怎么变动的呢？

“具体来说，如果某个航班的机票，卖了一段时间后还是有很多没有卖出去，这就说明要买机票的人（需求）少于可以提供的机票的数量（供给），在这种情况下，航空公司通常会降价，他们希望通过价格的降低来增加想买机票的人数。

“但是如果机票很快就卖出去很多张，所剩无几了，那么航空公司很可能会给机票涨价，因为想买机票的人（需求），多于可以提供机票的数量（供给）。”

“那现在票价上涨了，说明想买票的人还真不少呢！”爸爸一解释完，远远就明白了。

“我们再看看其他时间段的航班吧，说不定能找到更划算一点的。”妈妈放弃了本来看好的黄金时间段的航班，换了个早上6：00起飞的航班看。

“妈妈，这个航班太早了！”晨晨看到起飞的时间，向妈妈抱怨道。

“你们看，本来妈妈看的那个航班是上午 10：00 起飞，不用乘客早起，所以想买这个时间段航班的乘客就多，价格就会涨得很快；我们现在看的早上的航班，因为大家都觉得太早，想买这个时间段航班的人少，那么价格就会相对……”爸爸还没说完，两个孩子就开始抢答了，“便宜！”

的确是！远远发现早上 6：00 起飞的航班，机票价格竟然只要 900 元，比 10：00 起飞的航班便宜了一半！

妈妈点开了这个航班的信息栏，远远惊奇地发现，

900 元只是经济舱部分位置的价格，一些前排的、靠窗的以及靠过道的位置，还是比 900 元贵了一些。头等舱和商务舱的价格竟然比 1800 元还贵！

“为什么同一个航班上，价格有这么多变化啊？”远远觉得太不可思议了，竟然有这么多个价格。

爸爸看到孩子们对航班价格这么好奇，心中暗喜，这是个教他们经济学知识的好机会。

“飞机上的头等舱非常精致、舒适，提供宽敞的座椅，头等舱的座椅有时候还能变成能平躺的床，还会提供定制的美食和高级的饮料，服务非常周到，这些都会给乘客带来非常不一样的体验，因此，价格会很高。

“商务舱虽然不像头等舱那样奢华，但是也会有独立安静的工作和休息空间，比普通的座位舒适不少，所以价格虽然低于头等舱，但是比经济舱要高，介于两者之间。

“最后来说经济舱，也就是最普通的舱位，虽然没有那么舒适，但是也会满足大多数乘客的基本需求，确保乘客安全到达目的地，在三种舱位中价格也是最低的。

“所以你们发现了吗？这三种舱位就是为有不同需求的乘客设计的，头等舱吸引那些追求极致体验的高端人士，商务舱迎合了需要高效舒适旅行的商务人士，而经济舱则为预算有限的乘客提供了实惠的飞行选择。

“无论你是哪一类乘客，都能找到符合自己需求的舱位。所以呀，这种航班内不同位置的价格差异，帮助航空公司把座位分配得更合理，满足大家的不同需求，这样也能赚更多的钱。”

爸爸说了这么多话，喉咙都有点干了，赶紧喝了口水。远远和晨晨听得入迷，爸爸继续说：“我刚刚讲的这些，其实涉及了一个经济学的原理，而且它还有个有趣的名字——价格歧视。”

“什么？价格歧视？”远远听到这个名词，觉得很困惑，“怎么是歧视呢？”

“价格歧视，听起来像是不公平的行为，但不要被它的名字误导哦，其实在经济学中，它是一种常见的市场策略。”爸爸开始耐心地解释道，“不仅舱位不同价格不一样，乘客的购票身份、退改签条件等不一样，价格也会不同呢！说到底，就是为了有更大的收益。”

“哦！我明白了，那是不是我和哥哥可以买儿童票，会更便宜一点呀？”晨晨问爸爸。

妈妈点了点头：“晨晨理解得很不错！的确是这样的，你们俩的儿童票价格会比妈妈的成人票便宜一些，儿童的消费能力和成人不同，所以价格也会有所调整。”

“没错，”爸爸继续说，“这也是在利用价格歧视的策略。”

妈妈打断爸爸："我们快点买票吧，暑假期间很多人都要外出度假呢！"

爸爸点头赞同："对，我们现在就订票，这样也能避免未来可能会涨价的问题。"

经过一番讨论，一家人决定立即行动。妈妈点击了购买按钮，远远和晨晨兴奋地讨论着即将到来的旅行。

几天后，当他们再次查看机票价格时，发现价格果然上涨了。兄弟俩感叹："我们的决定真是太明智了！"

经济学小锦囊

价格歧视

指卖方根据不同的购买者或购买情境，对同一商品或服务收取不同价格的行为。比如航空公司根据乘客的不同特征和需求，对同一航班的产品实施差异化定价的策略。这既可以帮助公司收入最大化，同时也能满足不同乘客的需求。买飞机票的消费者也会根据自己的需求买到最适合的票，从而达到"双赢"的结果！除了航空公司的票价策略，游乐园的门票也会有老人票、双人票、家庭票、亲子票等多种选项，酒店的房间价格，早订和晚订也不太一样，这些都是"价格歧视"策略的实例。

海滩商店

阳光如同金色的织锦，铺展在芒果果小岛的沙滩上，海浪轻抚着岸边，仿佛在弹奏一首悠扬的乐章。远远和家人在这片热带天堂中尽情嬉戏，享受着生日愿望兑现带来的快乐。

然而，随着太阳逐渐升高，远远感到头顶上的阳光越来越炙热，必须戴太阳帽不可了。

这次旅行，妈妈让孩子们自己收拾行李，充分放权。可是远远竟然忘记带太阳帽了，直到刚刚要出门来海边玩的时候才发现。妈妈建议再买一顶，远远有点懊恼，嘴硬地和妈妈说："不用，晒太阳补钙呢！"

妈妈太懂自己这个儿子了。"用不了多久，他就会主动来找我买太阳帽的。"妈妈心想。

"妈妈，我需要一顶帽子，那种宽边的太阳帽，不然我会变成'烤远远'的。"果然，不一会儿，远远就半开玩笑地说，他的脸已被阳光晒得有些发烫。

妈妈笑着点了点头，带着孩子们走向了不远处的一家海滩商店。

这家商店仿佛是一片宝藏之地，琳琅满目的商品五彩斑斓，从绚丽的泳装到各式各样的沙滩玩具，应有尽有。

远远的目光很快被一顶蓝色的太阳帽吸引，那是一种如同大海般的蓝色，明快而活泼。远远迫不及待地拿起帽子，轻轻地戴在头上，大小正合适，宽帽檐的设计完美遮住了炽热的太阳。

“这顶帽子多少钱？”妈妈看远远试戴得正合适，向店员询问价格。

“这顶帽子 160 元。”店员笑吟吟地回答道。

远远听到这个价格，真是吓了一跳，他原本的那顶太阳帽是妈妈在购物网站上买的，只要 40 元，这顶竟然要 160 元，是原来的 4 倍啊！真是贵太多了！远远开始犹豫起来。

“就要这一顶吧！”妈妈付了钱。

远远吃惊地看着妈妈：“妈妈，这顶帽子很贵！”

“嗯，我知道，你之前的那顶比这顶便宜很多。”妈妈好像并没有远远那么惊讶。

“那为什么还要买呢？”远远有点不解。平时他和弟弟想买什么东西，妈妈都会先考虑价格，如果太贵就不会买了。今天妈妈怎么这么爽快呢？远远脑子里都是小问号。

妈妈给远远戴上新太阳帽，然后开始解释：“远远，你知道吗，有些东西我们非常需要，即使价格变高，我

们还是会买，在经济学中，这就是‘刚性需求’。就像你现在非常需要一顶太阳帽来保护自己免受阳光的伤害，这就是我们的刚性需求。”

远远聚精会神地听着，然后问道：“所以，妈妈，你是说即使这顶帽子比家里的那顶贵很多，但因为我在海边没有帽子就会晒伤，所以你还是决定买给我？”

妈妈点了点头，继续解释说：“没错，这就是为什么有时候即使我们知道价格高，还是会购买某些商品。因为在特定的情境下，我们对这些商品的需求是刚性的，我们愿意为此支付更高的价格。”

远远想了想，现在他明白了为什么妈妈会毫不犹豫地买下这顶昂贵的太阳帽了。在这里，太阳帽不仅是一顶普通的帽子，还是保护人们免受烈日灼伤的必需品，是他们享受假期的重要装备。

妈妈和远远去找弟弟晨晨，发现他在一排冰箱贴前已经看了很久。“妈妈，这些冰箱贴真好看！”晨晨说，“我可以买一个吗？”

这些冰箱贴上描绘着芒果果小岛的风土人情，每一个都是一幅小小的艺术品，充满了异域风情。晨晨想象着将这些美丽的冰箱贴贴在家里的冰箱上，每当打开冰箱门，都能感受到来自远方海岛的清新气息。

妈妈同意了，她说：“远远、晨晨，你们每人可以挑一个！”

晨晨迅速挑好了一个冰箱贴，上面画着一个在喝椰汁的芒果宝宝，非常可爱，看来晨晨早就看中它了。远远看来看去，挑了一个描绘着芒果果小岛日落景象的冰箱贴。远远决定把它送给爸爸，爸爸没能和他们一起来度假，一个人留下来工作，真是太辛苦了！然而，当他翻到冰箱贴的背面，看到那熟悉的生产信息时，不由得愣住了：“牛油果果小镇制造？”

“妈妈，你看，这个冰箱贴是我们小镇生产的呢！”远远喊妈妈过来看。

“真的是啊！”妈妈走过来，仔细看了这个冰箱贴的产地信息。

“那就是说，这个冰箱贴要从我们小镇运过来卖？”远远好奇地问，“那为什么芒果果小岛的居民不自己生产冰箱贴呢？这样不是会省去运费吗？”

妈妈笑了笑，心里暗想，又要给孩子们上经济学课啦。“这其实涉及一个很有趣的经济现象，叫‘全球化’。全球化的一个重要方面就是‘自由贸易’。这意味着世界各地的人们能够互相交流、买卖物品，就像我们牛油果果小镇的工厂，把生产的冰箱贴卖到了芒果果小岛一样。”

远远和晨晨听得入神，妈妈继续解释道：“这样，各个地方的人就可以专注于生产自己最擅长的东西，然后通过贸易来获取其他需要的商品。”

远远想了想，然后说：“所以，我们小镇生产冰箱贴，是因为我们在这方面做得好，而芒果果小岛就不需要自己生产，可以直接买我们的产品。”

妈妈点点头：“没错，虽然芒果果小岛的居民也可以自己制作冰箱贴，但他们可能没有我们牛油果果小镇的技术和经验，或者他们生产的成本非常高，还不如直接从我们小镇买做好的冰箱贴呢。我们小镇的工厂专门生产这些工艺品，而且做得非常好。这样一来，我们小镇可以通过把冰箱贴卖出去赚取更多的钱，而芒果果小岛的居民也能用合理的价格买到他们喜欢的工艺品。这就是国际贸易带来的好处。”

远远的心中涌起了一股暖流，他开始理解这个复杂的经济学概念。他想象着牛油果果小镇的工厂里，工人们正在忙碌地生产着各种商品，而这些商品又被运往世界各地，为人们的生活增添一份惊喜。“所以，全球化和自由贸易对大家都有好处，对吗？我们的小镇也可以从其他地方买到别人擅长制作的商品！”他兴奋地说。

“没错！”妈妈赞许地看着远远，“全球化使得每个地方都能专注于做自己最擅长的事情，并通过贸易互相交换，这样大家都能享受到最好的产品和服务。”

晨晨听着他们的对话，虽然有些内容他还不太懂，但他知道这是一件好事。“那我们买这些冰箱贴，是不是也帮助了小镇的工厂呢？”晨晨好奇地问。

“当然！”妈妈笑着说，“你们买的每一个冰箱贴，都是对小镇工厂的支持。这样工厂就可以继续生产更多漂亮的工艺品，也许将来还会有更多的人喜欢。”

远远和晨晨顿时感到非常自豪，他们竟然还在无意中参与了这个庞大的全球贸易网络。真是太奇妙了！

经济学小锦囊

刚性需求

这个概念可以理解为人们的某种需求对价格变化的敏感度较低。虽然太阳帽的价格较高，但远远仍然需要它来遮挡烈日，以免被晒伤，所以妈妈还是会买下来。这种需求就是“刚性需求”。假如晨晨想要糖果，可是很贵，妈妈可能就会选择少买一些，或者找其他更便宜的零食替代。这个需求就不是“刚性需求”。

全球化

世界上的各国可以看成一个整体，彼此间的相互联系和依赖日益加深，国际贸易和资本都在跨国界流动。全球化就是让全世界的人们可以更加便捷地进行交易和合作，不仅限于买卖商品，还可以分享知识、技术、文化。“全球化”使得世界各地的市场变得更加紧密相连，形成了一个庞大的“全球市场”。

自由贸易

指国家之间不设置贸易壁垒，允许商品和服务自由流通。也就是说，不因为是不同国家的贸易而设置障碍，这样可以让各个地方的人都专注于做自己最擅长的事，促进资源的有效分配，生产效率也能大大提高。例如，芒果果小岛放弃做自己不擅长的冰箱贴，而是从牛油果果小镇进口，这样更加经济、高效。

终于来到了海洋公园！

在芒果果小岛的东海岸，坐落着一座闻名遐迩的海洋公园，吸引着无数来自世界各地的游客。对远远来说，这里是他心驰神往的游乐天堂，也是他此行最为期待的目的地。

清晨，太阳还未完全升起，远远就拉着妈妈和弟弟的手，兴奋地奔向海洋公园。这个公园不仅是孩子们的欢乐之地，也是大人们心中的童话世界。他们站在公园的大门前，看到前方的牌子上写着“芒果果海洋公园”，仿佛这里是通往另一个世界的入口。

“哇，我们终于来到这里了！”远远兴奋极了。

“别急，宝贝，我们要先买票。”妈妈一边笑呵呵地说着，一边拿起手机去扫公园门口的购票二维码。

远远赶紧凑过去，生怕妈妈动作太慢，耽误了他们去海洋公园玩的时间。然而当妈妈打开购票链接时，远远看到了众多的选项，不禁感到眼花缭乱。

只见有平日票、节假日票、晚场票、双日票，还有成人票、儿童票、老人票、学生票、亲子票、家庭票、双人票……每种票价都有其特定的使用规则和价格。

“这么多种票，我们该怎么选？”远远问妈妈。

妈妈皱起眉头，试图在这些选项中寻找最适合他们的一种。

远远看妈妈还在比较各种票价信息，想了想说：“我们就买家庭票，这样应该会比单独买更划算吧？”

妈妈点头同意，她知道家庭票通常比单独购票划算，这是海洋公园为了吸引家庭游客而推出的一种优惠措施。她刚刚也快速对比了价格，对于他们一个大人、两个孩子的组合来说，家庭票的确是最划算的选择了。

“远远，你还记得我们买机票时，爸爸和你提到的那个经济学原理吗？”妈妈问道。

“我记得！叫什么‘歧视’来着！”晨晨抢先回答。

“是‘价格歧视’！”远远补充完整，他突然恍然大悟，“哦哦，妈妈，这里的门票定价是不是用了价格歧视？”

“完全正确！真是到处可见‘价格歧视’呀！”妈妈心想，这次远远应该把“价格歧视”搞明白了。

不同的人群有不同的票价，来自各地的消费者都能找到适合自己的门票类型；不同的时间也有不同的票价，平日游客相对较少，因此平日的票价比假日的便宜一些，这样的定价策略既鼓励大家平日来游玩，也有助于调控乐园里的游客数量。

“真神奇！”晨晨也听明白了，“这个系统真好用啊！”

他们凭借手机上的电子门票二维码进入了海洋公园。园区随处可见的是一个胖胖的、笑眯眯的小海豚正在飞跃的图片。无论是园区的地图上，还是乐园里的指示牌上，甚至是冰激凌售货车上，从巨大的气球到小小的贴纸，几乎每个角落都充斥着这个小海豚的身影。这个小海豚简直是乐园里最耀眼的明星。孩子们的脸上洋溢着快乐的笑容，仿佛这只小海豚真的在带领他们游览这个奇妙的世界。

“妈妈，你知道吗，这个小海豚叫阿芒，是个小男生，他最喜欢喝芒果汁，还喜欢在五彩池里吐泡泡。”远远告诉妈妈。

原来，这个叫阿芒的小海豚，是芒果果海洋公园的吉祥物，也是公园最有代表性的形象。远远和晨晨很早就知道了阿芒，他们在家的时候就看过《阿芒很忙》这部动画片，从那时起，他们就渴望来芒果果海洋公园。不知道还有多少孩子和他们一样呢！

远远和晨晨在公园里尽情玩耍，他们体验了刺激的水上滑梯和空中过山车，也参观了神秘的水母馆和企鹅馆，还剩最后一站。

这最后一站是海豚阿芒专属的海洋剧场！远远和晨晨迫不及待地想要见到他们最喜爱的海豚阿芒了。剧场里，演出海报上的卡通阿芒的形象特别可爱，它那胖乎乎的身体和笑眯眯的弯弯眼，让人忍不住想要给它一个拥抱。当灯光暗下来，音乐响起，好多个“阿芒”出现在舞台上，它们跳跃、旋转，与训练师默契配合，一起完成了一个又一个精彩的表演。孩子们看得目不转睛，掌声和欢呼声此起彼伏。

这一天真是每一分钟都开心啊！

天快黑了，弯弯的月亮悄然升起，几乎玩过了芒果果海洋公园所有的项目，孩子们这才觉得真的有点疲惫了。

海洋公园的出口旁就是阿芒主题商店，店内有很多印着海豚阿芒的周边产品，有毛绒玩具、T恤、帽子、钥匙扣、水杯等。两个孩子都特别喜欢，看看这个，又看看那个。

“妈妈，我可以买一个阿芒的毛绒玩具吗？”晨晨拉着妈妈的手，眼神里充满了渴望。

妈妈看了看价格标签，然后对孩子们说：“这个阿芒的毛绒玩具价格比其他地方的海豚玩具要高一些，你们知道这是为什么吗？”

晨晨脱口而出：“其他地方卖的只是海豚玩具，不是阿芒！”

妈妈笑了：“晨晨说的没错！正是因为这只小海豚不是随随便便的某一个海豚，它是阿芒……”

远远抢了妈妈的话：“因为阿芒是海洋公园的吉祥物，它代表了这个海洋公园，所以是独一无二的，那就很稀缺，价格自然会贵一些啦！”

妈妈赞许地点了点头：“没错，远远。但除了这个原因，还因为阿芒不仅是一个形象，它代表了海洋公园的欢乐。人们购买带有阿芒形象的商品，不仅是在购买一个玩具，实际上他们是在购买一个故事、一段回忆，甚至一份像阿芒一样的快乐，一次与这个公园相关联的体验。这就是‘品牌价值’。”

晨晨虽然还不太理解“品牌价值”这个概念，但他知道自己喜欢阿芒，他想拥有一个阿芒的毛绒玩具，这样他就可以每天都看到它，想起在海洋公园的快乐时光。

妈妈看到孩子们渴望的眼神，决定满足他们的愿望。远远和晨晨每人都拥有了一个属于自己的、可以带回家的阿芒毛绒玩具。孩子们抱着新玩具，觉得幸福极了。

“谢谢妈妈！”远远和晨晨异口同声地说道。

妈妈笑着回应：“不用谢，宝贝们。等我们回家之后看到阿芒，就会想起它是我们共同经历的一部分。阿芒会提醒你们这段美好的回忆。”

经济学小锦囊

价格歧视

在芒果果海洋公园的多样化票价体系中，我们可以看到价格歧视的实际应用。公园通过区分不同时间段（如工作日、节假日）、不同人群（如成人、儿童、老人、学生）以及不同的套票组合（如家庭票、双人票），为不同类型的消费者提供了多样化的价格选项。这种策略不仅有助于公园更有效地管理游客流量，确保游客体验质量，还能实现收入最大化。价格歧视允许公园根据游客的需求和支付意愿来调整价格，吸引更多的游客群体，并鼓励他们在人流量较少的时段来访。

品牌价值

品牌价值是一种无形资产，它基于消费者对品牌的认知、情感联系以及与品牌相关的整体体验，它代表了一个品牌在消费者心里的整体价值。阿芒这个小海豚的形象，不仅仅是一个可爱的吉祥物，它已经成了芒果果海洋公园品牌价值的组成部分之一。阿芒的形象让游客们产生了情感上的共鸣，使得他们愿意为带有阿芒形象的商品支付更高的费用。这些商品不仅是物质上的购买，更是对海洋公园欢乐时光的一次回忆和情感上的投资。

晚餐到底吃什么

夜幕降临，芒果果小岛上的星空如同一幅深邃的画卷，星辰璀璨，美得令人屏息。远远一家沿着海岸线漫步，他和弟弟抬头看星星，辨认出了好几个之前只在天文书上见过的星座，兴奋极了。海风轻轻地吹过，比白天凉爽了很多，真是惬意。

远远把眼睛闭起来，想调动全身的细胞，一起来感受这温柔的海风。浪漫的氛围却被晨晨一句话打破了。

“我饿了……”晨晨拉着妈妈的手说。远远睁开眼睛，这才发现自己的肚子也在咕咕叫，是该吃晚饭的时候了。

“这里有好多家餐厅呢，你们想吃什么？”妈妈问孩子们。

这片海滨区域不仅是大海、沙滩、星星和夜空的所在，也是美食的天堂。各式各样的餐厅相邻而立，从散发着海洋气息的海鲜大餐，到简单快捷的汉堡薯条，再到清新爽口的芒果沙拉，应有尽有。

远远和晨晨看到有这么多选择，觉得哪个都很想吃，可是究竟该吃什么好呢？

妈妈的手机响了，有人打视频电话给妈妈。妈妈拿起手机，原来是爸爸打来的，妈妈赶忙叫孩子们也过来。

屏幕里，爸爸正坐在办公桌前，周围是一片宁静。

“爸爸，你还在加班吗？”远远抢先询问，“还没有下班吗？”

“对呀，远远，最近工作比较忙，我还要再加一会儿班。你们今天玩得开心吗？”妈妈带着孩子们出去度假，爸爸每天晚上都会通过视频电话问问他们。两个男孩子平时在家，觉得他们吵吵闹闹的，现在家里突然安静下来还真是不适应，他索性就在办公室忙工作了。

“爸爸，我们要去吃晚饭啦！”晨晨赶紧和爸爸说，他一直吵着饿。

“今天晚上要吃什么啊？有没有吃海鲜呀？海边的晚餐当然要吃海鲜啦！”爸爸建议他们去吃海鲜。

“这几天吃了好几顿海鲜！我最爱吃螃蟹！”晨晨告诉爸爸。

“晨晨，我们换一个好不好，已经吃了好几顿海鲜了！”远远好像不太想吃海鲜了。

“那我们去吃汉堡！”晨晨最爱吃汉堡，在家的时候爸爸妈妈也经常带他去牛油果汉堡店。

“我来查一下餐厅评价网站，看看你们附近有什么好吃的汉堡店。”爸爸虽然没能一起去度假，但也想多参与到他们的旅行中，“有好几家汉堡店评价都很不错，你们去挑一家试试看？”

“爸爸，看看哪一家离我们最近？”晨晨有点走不动了，就想快点吃上饭。

“这几家距离差不多，都在沙滩美食街。”爸爸看了一下地图告诉他们。

结束了视频电话，他们决定走过去看看。母子三人很快就找到了爸爸提到的那几家汉堡店，而且它们的位置真的很近。远远觉得有点奇怪。

“妈妈，你说汉堡店都挤在一起，难道不会相互竞争吗？不是彼此离远一点比较好吗？”远远问。

“的确会有竞争，远远，你现在已经可以主动思考经济学问题了，真不错！”妈妈忍不住称赞远远，继续解释道，“这些餐厅聚集在一起，可以共享客流，减少为了获得单个客人而必须付出的成本，也叫获客成本。也就是说，大家都知道这里会有很多餐厅，那么想要吃饭的时候首先就能想到这里，所以来这里的人，绝大多数都是想找餐厅吃饭的，那么成为餐厅顾客的可能性就大大增加了。”

“哦哦，我明白了，就是说这些餐厅虽然卖的是类似的产品，但因为都集聚在一起，形成了一个美食区，这样就能吸引饿了的游客们前来！”远远一下子就明白了。

“对！它们通过地理位置上的集中，实际上在无形中实现了合作，还能形成一种品牌效应，就是你刚刚说的，在游客们心中树立起这个美食品牌的地标形象！”妈妈补充道。

“嗯，集聚在一起对我们来说也很方便，我们不用到处跑，就能快速找到我们喜欢的餐厅。”晨晨也加入了讨论，他也发现了餐厅聚在一起的好处。

“只是，对于这些汉堡店来说，他们虽然降低了一些成本，但是也面临着更激烈的竞争呀！这对餐厅来说，确实是一种挑战。”远远已经学会辩证地看问题了。

他们最终挑选了一家复古风格的汉堡店，店内装潢很有年代感，墙上挂满了店主和各种名人的合影，显得这家店颇有名气。这里的主打汉堡就是大多人都会喜欢的芝士牛肉堡，餐厅人气旺盛，空气中弥漫着汉堡的香味。远远和弟弟各点了一份经典汉堡，而妈妈选择了芒果沙拉。

他们坐在窗边吃着美味的晚餐，妈妈指着窗外的另外两家汉堡店说：“你们看，那两家汉堡店，一家是海洋度假主题，以蓝色为主色调，图案都挺卡通的，小朋友们应该会喜欢；那一家是以芒果口味为特色，门口的招牌上全是各种芒果口味的美食，如鲜虾芒果、芒果芝士……”

“所以啊，你们发现了吗？虽然这些汉堡店聚集在一起，但它们的产品并不完全一样。餐厅老板想要经营得更好，他们必须让自己的汉堡有点不一样的地方。”

“经济学中这叫什么？”远远竟然可以直接问原理了。

“哈哈，远远，你就知道妈妈下一句要说这个，这在经济学中叫作‘差异化竞争’。即使是同类产品，商家也要找到有差异的地方来进行竞争，就是商家之间通过提供独特的产品或服务来区分自己。你们觉得这对消费者，也就是想要去餐厅吃饭的人来说，是好事还是坏事呢？”

“当然是好事啊，如果有人不喜欢经典口味汉堡，他们可以去选择芒果味的；如果有带小朋友来的顾客，他们可以去海洋卡通主题的汉堡店。”远远说。

“远远分析得很对，这样多种选择可以满足大家不同的需求，同时也提供了更多的体验机会。”妈妈总结了一句。

饱餐一顿后，远远和晨晨摸摸自己圆滚滚的肚子，心满意足。

“妈妈，我们去看星星吧！”

他们走出餐厅，来到了海边，星空下的海面波光粼粼，海浪轻轻拍打着沙滩，发出宁静而有节奏感的声音。一切，都是那么美好。

经济学小锦囊

产业集聚

在一定的区域内，相同或相关联的企业和机构集中存在。这种集中可以共享资源，降低成本，增强区域内的企业合作与发展。在故事中，海滨区域的餐厅集聚在一起，形成了一个美食天堂。这些餐厅能够共享客流，降低了吸引顾客的成本，同时也为游客提供了便利，因为他们知道在这个区域总能找到想吃的美食。这种集聚现象无论是对餐厅，还是消费者，都是好处多多。

差异化竞争

通过提供与竞争对手不同的产品或服务来吸引消费者，可以体现在产品的质量、设计、功能、品牌形象、客户服务等方方面面。这样就可以避免直接的价格竞争，创造独特的市场定位，满足消费者的特定需求，从而获得更高的利润。美食街上的几家汉堡店虽然都提供汉堡，但每家都有自己的特色，这就是差异化竞争的体现。有的餐厅以复古风格吸引顾客，有的则以海洋主题或芒果口味来吸引不同喜好的顾客。

再见啦！亲爱的小岛

清晨的第一缕阳光透过窗帘的缝隙，轻轻地拂过远远的脸颊，将他从梦中唤醒。他坐起身，环顾着这个几天来陪伴他们的小岛酒店房间，心中涌起一股不舍。今天是他们离开芒果果小岛，启程回家的日子。

整理好行李，远远和妈妈、弟弟一同走向机场。在机场的候机大厅里，他们的目光被一幅巨大的海报所吸引。海报上，阳光、沙滩、海浪和一张张游客的笑脸交织在一起，下方是一行醒目的标语："感谢您光临芒果果小岛！"

远远站在海报前，陷入了沉思。他想起了这几天在小岛上的点点滴滴，每一次购物、每一次用餐、每一次游玩，都让他感到无比快乐。但这些快乐的瞬间对于小岛来说，又意味着什么呢？

妈妈注意到了远远疑惑的神情："远远，你在想什么呢？"

"妈妈，我这几天特别快乐！我很喜欢芒果果小岛，也非常感谢它给我们留下了这么多美好的回忆。可是你看，芒果果小岛还这么有礼貌，海报上都写着感谢我们光临。我在想，它究竟在感谢我们什么呢？”远远把他的疑惑一股脑儿说了出来。

听了远远的话，妈妈觉得她的远远真的是个小少年了，已经开始思考这么深刻的问题。她拿出手机，打开了一个展示小岛经济数据的网站，指着屏幕上的图表说：“看，这些图表显示了小岛的 GDP 增长情况。”

“GDP？就是新闻里常说的那个 GDP 吗？但这是什么意思呢？”远远问。

“GDP，即国内生产总值，这个指标是衡量一个国家或地区在一定时期内所有最终产品和服务市场价值的总和。简单点说，就是在一定时间内卖出去的所有商品或服务的金额的总和。”

“你们知道吗，我们在这里的几天，也给芒果果小岛的 GDP 作贡献了呢！”妈妈说。

“我们做了什么贡献呢？”晨晨有点好奇，这些天他们一直都在玩，哪里作了什么贡献啊。

“我们在餐馆用餐、在景区游玩、在商店购物，还在酒店住了几晚。因为我们来旅游，餐馆、商店、景区和酒店都增加了收入，也就赚到了钱。他们赚了钱，就可以向政府缴纳更多的税收，也有更多的人可以来餐馆、商店、景区和酒店工作，这样他们就有工资可以满足生活需要。你们说，我们是不是为芒果果小岛的经济发展作贡献啊？”妈妈说了这么多来解释为什么芒果果小岛要感谢他们。

“政府可以用这些税收修建学校、医院，可以改善道路和公园，还能建图书馆，这些都是公共设施，可以提高小岛居民的生活质量。”妈妈继续解释了税收的用途。

妈妈这么一说，远远的脑海里浮现出这几天的画面——在海边奔跑的快乐的孩子们，在商店里热情的商

家，酒店篝火晚会上跳舞的哥哥姐姐，还有海洋公园里可爱的阿芒……

远远开始明白，自己和家人的旅行不仅仅是小家庭的一次消费活动，其实也是大的经济运行中的一个小环节。这样说起来，他们的旅行也是对芒果果小岛经济发展作出了贡献，无形中还推动了小岛的繁荣呢！

想到这里，远远突然觉得这次旅行的意义已经超过了他最初的想象。

“妈妈，我觉得这次旅行真的很快乐！小岛给我们带来了难忘的美好时光，我们也贡献了我们的喜爱和感谢！”远远感慨道。

随着飞机引擎的轰鸣声逐渐增强，远远一家踏上了归途。他们带着满满的回忆和对经济学的新认识，告别了芒果果小岛。

在这个小小的岛屿上，每个人都是经济活力的组成部分，每一次消费都是与芒果果小岛美好的互动，都是一份热爱和一份认可！

“再见了，亲爱的芒果果小岛！以后我们还会来的！”远远在心里默默地说，“我要赶紧回家，看看一直在辛苦加班的爸爸啦！”

经济学小锦囊

GDP（国内生产总值）

国内生产总值的英文是Gross Domestic Product，通常我们简称为GDP，它是用来衡量一个国家或地区在一定时期内所有最终产品和服务市场价值的总和。GDP直接反映了该地区的经济规模和经济活动的水平。在故事中，远远一家在芒果果小岛的消费行为，如用餐、购物、游玩和住宿，都为当地的GDP作出了贡献。这些消费活动增加了岛上商家的收入，从而提高了整个岛屿的经济产出。

税收

税收是政府向个人和企业收取的费用，用于资助公共服务和基础设施建设，如学校、医院、道路和公园等。芒果果小岛上的商家因为远远一家的消费而增加了收入，他们需要向政府缴纳一定比例的税款。这些税收最终由政府用于改善岛上居民的生活质量。

经济学小测试

1. 关于价格歧视

海洋公园平日的门票比周末和节假日的门票便宜，这是因为：

A. 工作人员粗心写错了

B. 这是对周末游客的不公平对待

C. 公园实行了价格歧视策略

D. 政府规定周末门票必须涨价

2. 关于刚性需求

当太阳帽的价格上升时，远远妈妈仍然选择购买，因为：

A. 她喜欢收集各种太阳帽

B. 远远需要用太阳帽保护自己免受阳光的伤害

C. 她想支持当地的商店

D. 她觉得太阳帽是一种时尚单品

E. 尊重需求

3. 关于品牌价值

远远和晨晨在海洋公园的商店里看到了价格较高的阿芒毛绒玩具，他们愿意购买的原因是：

A. 阿芒玩具比其他玩具更耐用

B. 阿芒是海洋公园的吉祥物，代表了公园的品牌形象

C. 他们认为贵的玩具质量一定更好

D. 阿芒玩具有特殊功能，如会唱歌或跳舞

第四章

CHAPTER 4

“买买买”冠军

人物介绍

暖暖

一个喜欢游泳、辩论，喜欢凡事问个为什么，好奇心十足的中学女生。

暖暖妈妈

不仅是暖暖的妈妈，还是暖暖无话不谈的好朋友、好闺蜜。妈妈负责全家的日常采购，很有审美品位，懂得如何安排好家庭的开支，是个既能干又智慧的妈妈。

素素一家

素素和安博是一对年轻的父母，他们的女儿菲菲即将满一周岁。两个人都很努力经营这个小家庭。

妈妈是我家的“买买买”冠军！

每个星期六下午，是暖暖固定的游泳时间。四岁那年，妈妈给她报名参加了游泳兴趣班，她逐渐学会了蛙泳、自由泳和仰泳三种泳姿。如今，暖暖已经十几岁了，她发现游泳已经成为自己生活的一部分。每当学习压力大了，她就去泳池里像一条快乐的小鱼一样游上几个来回，然后精神焕发地回来。现在，她没有继续再去兴趣班学习，妈妈办了一张家附近的游泳馆的会员卡，暖暖随时可以去游泳。

暖暖背着游泳装备回到家，妈妈也刚好买了一束花回来，正在插花。

妈妈买的是她最爱的香水百合，每次家里摆上百合都会香气飘飘好几天。暖暖在妈妈的影响下，也越来越喜欢百合了。配着别致的花瓶和淡雅的桌布，百合好像更加美了。

“妈妈，桌布和花瓶的搭配真是太完美了。”暖暖由衷地赞叹。

“那是，你妈妈超厉害，不仅眼光独到，还总能买到这些好东西呢！”爸爸夸起自己的妻子，也是极尽溢美之词。

在暖暖家，妈妈承担了他们这个小家几乎所有的购买“工作”，这很大程度上是因为妈妈那非凡的“购物能力”。

妈妈最令人佩服的是她总有办法挑选到最好的东西，无论是日用品，还是家人的衣物。她不仅注重商品的实用性和美观性，更注重它们为家庭带来的幸福感。

“妈妈，你怎么总能买到既实用又有品位的东西呢？”暖暖好奇地问。

妈妈放下手中的花瓶，微笑着回答：“其实，购物是一种艺术，也是一门功课，一样需要你细心观察和不断学习。我会关注相关的新闻和资讯，同时，也会考虑我们家的实际需求和每个人的喜好，做到既时尚又实用。比如你小时候，特别喜欢和公主相关的衣服、玩具，为了让你乖乖吃饭，我专门买了印有公主图案的餐具。”

“哈哈，我现在不那么喜欢公主了！”暖暖听到自己小时候的喜好，笑了起来。“对呀，你现在喜欢其他风格的，所以我购物的时候就不能再给你买公主图案的东西啦！”妈妈说。

“妈妈，我记得你曾经告诉我，买东西不只是买一件物品，更是在买一种服务和体验。你能不能再详细解释一下？”暖暖追问，她对妈妈的消费理念充满了好奇。

“是的，消费不仅仅是买实物商品，还包括购买服务。就像你小时候我给你报的游泳班，现在我们办理的游泳会员卡，还有我们家的网络服务、家庭健康保险，这些都是为了提升我们的生活质量。”妈妈继续解释道。

“而且，商品和服务的背后，隐藏着时间、健康、知识、乐趣等无形的价值。比如说，你去游泳馆游泳，你支付的是进入泳池的费用，享受到了游泳带来的乐趣和健康的身体。再比如，我们家里的宽带网络，我们支付的是网络服务费，但真正有价值的是网络给我们带来的便捷和信息资源。这些都是服务所蕴含的价值。”

暖暖暗自思考，原来购物中还有这么多学问。消费不仅是一种经济行为，它还关系到家庭的幸福和个人的

满足感。妈妈购物不仅是为了满足物质需求，更是一种生活态度，还把审美的追求融合在其中。

“所以，暖暖，当你在考虑购买一件商品或一项服务时，价格当然要看，但是也不能只看价格，还要考虑它能给你带来什么额外的价值。这样的消费才是理性的，也是值得的。”妈妈总结了她的观点。

“暖暖你看，妈妈是我们家的‘买买买’冠军，真是名副其实啊！”爸爸笑眯眯地说。

经济学小锦囊

消费

在经济学中，消费是指为了满足个人或家庭需求而购买商品和服务的行为。无论是妈妈购买鲜花，还是给暖暖购买游泳卡（可以让暖暖一年内随时去游泳），这些都是消费活动。

商品

包括有形的商品，如食品、衣物、家具等，也包括无形的服务，如教育、医疗、娱乐等。通过消费，人们可以满足自己的需求，提升生活品质，同时也促进了经济的发展。妈妈不仅为家里购买了实物商品，还购买了各种服务，这些都是家庭消费的重要组成部分。

停不下来的网购

菲菲要过生日了！这个可爱的小宝宝即将迎来人生第一个生日。在菲菲出生后的这一年，虽然她的爸爸妈妈很辛苦，但是充实和快乐更是翻倍。

为了庆祝菲菲的一周岁生日，安博和素素——这对年轻的父母——决定举办一个小型的家庭聚会。最近这些天，他们一直在为小可爱菲菲的周岁生日会忙碌着，家里的快递一个接着一个，快递小哥几乎都认识他们了。

“叮咚！”门铃响了，又是那位熟悉的快递小哥来送新包裹。

“素素，今天的快递又来了！”安博一边开门迎接快递小哥，一边兴奋地呼唤妻子。

素素从厨房探出头来，手里还拿着做蛋糕的搅拌器：“太好了，看看这几天买的都到齐了吗？”

素素一边擦着手，一边快步走向门口。她的心情既兴奋又充满期待，因为这些包裹里装的，应该都是最近买的菲菲生日会的用品。想想离给小可爱菲菲办生日会又近了一步，她的心里觉得美滋滋的。

快递小哥笑着帮他们把这几个包裹搬到门口，素素和安博连忙道谢，然后开始在客厅里拆包裹。他们打开的第一个包裹是各种彩色的气球和一个打气筒，安博立马给两只气球充气，看着彩色的气球一点点变大，菲菲伸出小手去抓气球，还咯咯地笑了起来。第二个包裹是一件专门给菲菲定制的生日T恤，上面印着“菲菲一岁啦”的字样。现在在网络上不仅能买东西，还能按个人的需求定制，这也算是购买了一半商品，享受了一半服务。

“看，这是你的新电脑包，安博。”素素递过去一个结实的包裹。安博打开一看，里面是一个高端品牌的电脑包，他满意地点点头，这个电脑包不仅外观时尚，而且内部空间设计合理，之前他去附近几个电脑用品店都没找到满意的。

一个个包裹被拆开：有家里急需的洗手液，昨天下午才下单，今天就送来了，真是解了燃眉之急呀；还有菲菲的奶粉，包装得严严实实，没有一丝破损；素素给自己买的一顶遮阳帽也到了。

“如果没有网购不知道该怎么买东西了！网购真是太方便了，既省时又省力。”素素感叹道，她已经在手机上下载了好几个购物应用软件，几乎家里的所有需求都能一键解决。

“是啊，尤其是现在有了菲菲，我们更没有时间去逛街了。”安博附和着，他看着女儿在客厅里蹒跚学步，眼里充满慈爱，“更重要的是，很多东西线下店也找不到合适的，电脑包不就是吗？我们附近的电脑用品店都被逛遍了，也没买到像现在这个这么合适的。”

“不过，真是辛苦快递小哥了，我们家今天就收到这么多包裹，还有别人家的。他们真是挺辛苦的！”素素感慨地说。她知道，这些便捷的背后，是无数快递员的辛勤付出。

“没错，快递员也是网购必不可少的一环。说到底，物流的环节如果没打通，网购就会存在很多障碍。”安博点头表示赞同。

尽管网购给生活带来了极大的便利，但素素也曾有过不愉快的购物经历。有一次，她在网上购买了一件看起来非常漂亮的连衣裙，收到后却发现颜色和面料与图片展示的相差甚远，让她大失所望。

“图片宣传的那么好，但穿在我身上怎么就不是那种感觉了。”素素有点沮丧。

“买家秀和卖家秀的差距，已经被很多用户吐槽过了。”安博说。

“这就是信息不对称的问题。我们只能通过图片和文字描述来判断商品，有时候真的很难把握商品的真实情况。”素素有些无奈地说。

“下次我们可以多看看买家的评价，或者直接和卖家多沟通沟通，了解更多商品信息。”安博提出建议。

“不过有的商品，实际上看到、摸到和亲身体验这一步真的不能缺少，不是图片或产品描述能代替的。”素素看来真是有很多感触。

“所以啊，找到靠谱的卖家也很重要，你没发现吗？网络店铺都特别在意口碑，因为大家在购买前不能真实地看到产品，所以看评价就很重要。”

“看来我们也得收藏一些靠谱的卖家店铺，实在分辨不出产品质量的，选择靠谱卖家的商品，风险会相对小一点吧！”

最近，素素又迷上了网络直播购物。一个颇具人气的网红主播每天都会在直播中推销各种商品，素素原本只是抱着好奇的心态观看，但直播中的互动和促销活动让她在不经意间就下了单。

直播间里的气氛热烈，好像不下单就亏了一个亿似的。

素素陆陆续续收到了从直播间下单的产品，确实挺划算的，有很多东西品质都挺不错。素素觉得通过直播

间下单很值，是个网购的好渠道。尤其是相较于之前网购时那些静态的图片和文字，现在主播都讲解清楚了，有问题还能在直播间现场问，衣服类主播会试穿，360 度转圈圈给你看。素素像发现了一个新大陆似的。

“安博，你看这个花瓶，真有设计感！”

“安博，你看这这条小裙子，菲菲穿上一定好看！”

“安博，你看这套彩笔，写起来特别丝滑！”

“安博，你看这套阳台种植工具，既好用又好看！”

……

素素美滋滋地和安博分享她的“战利品”。

“素素，这些都挺好的，但是，我们真的需要这些东西吗？家里的花瓶已经有五六个了，都没地方摆了；这套阳台种植工具，我们买回来就一直放在那里，再也没有用过……”安博明显更理性一些。

“嗯，真的是……大概是直播的氛围会让我有购物的欲望！”素素发现真的如安博所说，虽然很多东西挺划算，但实际上并不需要。

素素有些尴尬地笑了笑，她意识到自己在直播间的冲动购物中又落入了“消费陷阱”。“你说得对，安博。在让人容易兴奋的直播环境中，如何保持理性购物，这是我接下来的功课！”

安博看了看素素，笑着说：“你还真是个善于学习的人！不过，现在新兴的购物方式越来越多了，不学习还真不行，都是学问呀！”

素素点点头，她决定以后在进入直播间之前，先列一个购物清单，只买那些家里真正需要的东西。同时，她也打算更多地关注那些能够提供详细商品信息和实时互动的直播间，这样能够更全面地了解商品，减少盲目购买的可能性。

既能享受直播购物的乐趣，又能保持理性，避免不必要的开支，成为一个聪明的消费者——这是素素给自己定的下一阶段的学习目标。

经济学小锦囊

对称信息理论

在经济学中，对称信息理论关注的是市场交易中信息的透明度。理想情况下，交易双方应掌握关于交易物品的同等数量和质量的信息。然而，现实中常常存在信息不对称的情况，即一方拥有比另一方更多的信息。在故事中，素素在进行网购和直播购物时，因为无法在购买前亲自体验商品，容易导致信息的不对称，买到的东西也有可能不符合预期，存在买到不满意商品的风险。

物流业

涉及商品从生产地到消费者手中的整个流通过程，是整个经济活动的重要组成部分。随着互联网经济的发展，物流业的作用变得愈发重要。高效的物流系统可以降低运输成本，提高整体市场竞争力，同时也为消费者提供了更加便捷的服务。想象一下，如果在网购中没有便捷、高效的物流系统，那么消费者很可能还是会倾向于线下购物，或者减少网购的频次和可能性。

直播购物

作为一种新兴的网络营销方式，直播购物通过视频直播的形式展示商品，激发消费者的购买兴趣。直播销售不仅提供了更为直观的商品展示，而且通过主播与消费者的实时互动，增强了购物的参与感和信任感。然而，直播销售也可能存在夸大宣传、商品描述与实际不符等问题，因此，消费者需要保持警惕，避免冲动消费。故事里的素素就一不小心买了很多自己其实并不需要的东西。

小镇买买节大促销

虽然商家们各种各样的小促销不断，但牛油果果小镇的居民都非常清楚，一年一度的买买节才是网络购物全年促销力度最大的时候。如果不是非常急用的东西，居民们通常会等到买买节的时候买，因为那时候购物是最划算的。

随着牛油果果小镇的买买节日益临近，整个小镇都沉浸在一种期待和兴奋的气氛中。商家们的促销广告纷纷出炉，电梯里的广告屏、街道上的 LED 屏幕也都滚动播放着各种优惠信息，讨论这次买买节似乎也成为最近小镇居民们的聊天话题。

“你都买点什么呀？”“我打算买……”这样的对话铺天盖地。

在素素和安博的家里，气氛也同样热烈。晚上他们把菲菲哄睡，两个人就坐在电脑前，一边浏览着屏幕上各大电商平台的购物网页，一边讨论着家庭在这次买买节中的购物计划。

素素最近做了不少功课，她不仅仔细研究了商家们的各种优惠措施，还整理了一份家里需要购买的清单。

前年，优惠活动需要消费者在正式开售前先付一定金额的订金，到了开售当天，付订金的用户可以享受折上折的优惠，比当天直接购买的用户省了不少钱。而且，一些限量的产品，在付订金阶段就已经售罄了。

去年，促销活动是买二赠二，然后再享受额外的折扣。部分优惠力度更大的商家还会送很多赠品。有的赠品就是购买产品的小样，这相当于把单价直接降下来了；还有的赠品是与产品相关的，比如买多本笔记本，送一个收纳盒；还有一些赠品与购买的产品无关，可能拿回来也没什么用，这就需要消费者仔细去分辨了。

今年的优惠活动更是五花八门，各种优惠算法很考验人。

“好像回到了上学时上数学课的时光！”素素哭笑不得地向安博抱怨。

安博看了一眼优惠信息：加入会员可以打八折，全场消费满 300 元可以减 40，单店还有抵用券，满 99 元可以抵扣 5 元，买两件九折，买三件八五折……这些优惠有的还可以叠加，有的是有条件的叠加……

“天哪，我的头都要大了，你先慢慢看，挑出来一轮，我们再商量确定。”安博败下阵来，还是决定丢给素素来做这些复杂的“数学题”。

在暖暖家，妈妈这几天也是摩拳擦掌，打算在今年的买买节大显身手。购物清单是必不可少的，妈妈分了这几项：自己的、暖暖爸的、暖暖的，生活用品、服务类产品，然后在这些类别中又细分了小项目，有急需的，有可以囤货的，等等。还有的产品是妈妈一直关注的，她竟然还在清单后面标注了上个月和最近一个星期的价格。

暖暖放学回家，看到桌上妈妈列的清单，不禁感叹：“妈妈太厉害了吧，竟然能把购物清单做得这么有条理，妈妈这个‘买买买’冠军，真是名副其实啊！”

妈妈对暖暖说，“我发现，今年最大的优惠点在数量上，就是同一个产品多买一点，优惠就会大很多。”

“妈妈，那我们要不要囤一点？”暖暖明白了妈妈的意思。

“嗯，是的，像抽纸、卫生纸、洗脸巾、牙膏、牙刷这类有效期比较长的，多买一点会很划算。”

“那我们多买点这些东西吧。”暖暖说。

“还有一些东西，有效期虽然比较短，可是多买一点单价可以降很多！”妈妈补充道。

“妈妈，那也不能为了优惠，我们就买两箱香蕉吧，第一箱还没吃完，第二箱就烂了呀！”暖暖赶紧和妈妈说。

“暖暖，你说得对。除了这些保质期很短的，还有那种家里有一个就够了的物品。比如我刚才看中的那个多功能大烤箱，各种优惠算下来要1300元，但是如果我买两个，每个只需要1000元，足足便宜了300元呢！”妈妈说。

“妈妈，我明白啊，但是我们家不可能买两个烤箱啊！又不可能让邻居和我们一起买……”暖暖说到这里，突然好像发现了点什么，妈妈也在笑呵呵地看着她，“妈妈，我懂了！要是我们小区里的邻居们可以一起买，我们可以寄同一个地址，然后大家分货呀！”

“我的宝贝，你终于明白啦，我就是这么想的。如果我们看到什么想买的，但是又需要买的数量多一些，我就在小区群里问问，看有没有同样需求的邻居。”妈妈算优惠的这个架势，让暖暖佩服不已。“而且，我觉得如果我把拼单信息发在群里，可能也会有其他邻居把他想拼单的东西发群里，这样一来二去，我们都能买到性价比高的东西呢！”

“那商家要亏死啦！”暖暖心想，遇到妈妈这样精明的消费者，商家还真是不容易。

“商家呢，也不算亏，我们寄到同一个地址，商家的物流费用也比单独送产品到很多个地方要低。我们这样做，也有点社区团购的意思。而且，我们买的数量多，商家也可以尽快地把仓库里的存货都卖出去，从商家整体运营的角度来说，清库存也是一件很重要的事！”此刻的妈妈，就像一位大经济学家，无论是从消费者的角度，还是站在商家的角度，她都考虑得非常周到和清晰。

买买节当天从 0：00 就开始了。仿佛整个牛油果果小镇的居民都没睡觉，守在电脑前、手机前，盯准即将开始的优惠活动，准备购物了！

素素早已算好了优惠，安博也筛选了一遍，确保没有冲动消费的情况，他们打开最终确定好的购物方案，按照清单一个个地将商品加购物车，付完款，安心睡觉去了。

暖暖本来陪着妈妈，想一起等到零点时下单付款。但等着等着，她还是扛不住困意，进入了梦乡。妈妈则果断地在零点时分速战速决，毕竟第二天还要工作。

第二天早上，暖暖醒来，特意跑到厨房问妈妈：“妈妈，买买节的优惠好东西都买好了吧？”妈妈笑呵呵地说：“那当然！”

经济学小锦囊

价格效应

指价格变化对消费者购买行为产生的影响。价格降低会刺激消费者的购买意愿，从而提升需求量。在买买节期间，商家通过降价促销，消费者在优惠的吸引下，往往会增加购买数量或购买原本不在购物计划中的商品。暖暖妈妈发现，某些商品在买买节期间因为数量增多而变得更加划算，这促使她决定囤一些日常用品。

羊群效应

指消费者在做购买决策时，容易受到他人行为的影响。买买节的购物热潮往往会引发羊群效应，导致消费者盲目跟风购物，有时甚至超出了自己的实际需求。牛油果果小镇的居民们普遍认为买买节是一年中最佳的购物时机，这种普遍的认同感和期待感导致消费者在购物时容易受到周围人的影响，跟随他人进行购买。商家通过广告和营销策略，进一步强化了这种感觉。

到底该不该买品牌商品

暖暖最近要参加一场辩论赛，需要连续几周和同学们一起参加赛前指导。负责赛前指导的辩论培训中心在一个商场里，其隔壁几家商铺卖的都是时下流行的服装品牌。辩论课结束后，她们几个小女生经常在这几家店里溜达。特别有趣的是，这次辩论赛的辩题就是：到底该不该买品牌商品。

这个辩题还真是出在了暖暖的心上。最近她有点困惑，她发现班上的同学在选择衣服和鞋子时，首先关注的是品牌，而舒适度似乎并不是首要考虑的。而且，同学们对于品牌的追求似乎成了一种风气。而她也有自己喜欢的品牌。那对于品牌商品，我们到底是该买，还是不该买呢？

回家后，暖暖和妈妈聊起了这个话题。

“妈妈，我记得你以前总是给我买很多漂亮的公主裙。”暖暖回忆道。

“是啊，那时候你还小，我觉得那些裙子很漂亮，就给你买了不少。”

“我现在已经不喜欢公主裙了！”暖暖说。

“现在你长大了，有了自己的审美和喜好，这是好事。”妈妈笑着回答。

小时候，暖暖的衣服都是妈妈帮她挑选的，她经常被打扮得和洋娃娃似的。但是长大了些，她开始有自己偏爱的颜色，接着有了自己喜欢的样式（当然不再是妈妈喜欢给她买的那些公主裙）。再后来，上了中学，她开始有中意的品牌，每周只有一天的“非校服日”，她总是提前就想好这一天要穿哪件衣服，这一天她可以充分展示个人风格。

“妈妈，现在我们班上有很多同学都很喜欢潮牌，我也挺喜欢那些品牌联名款的。”暖暖和妈妈一直像闺蜜一样，无话不谈。

“潮牌给人的感觉就是年轻、自由，至于穿在身上是否舒适，反而不是那么重要。”妈妈回应道，她知道暖暖在思考什么。

“的确是，穿这种品牌衣服的时候，我挺希望这件衣服能成为我的一个标签，一个能被别人认可的标志。”暖暖说。

“所以啊，大家喜欢某个品牌，是因为喜欢这个品牌背后的含义。有的人追求的是这个品牌所代表的风格，就像你刚才说有同学喜欢潮牌，实际上他希望大家可以看到他的喜好是年轻和自由；还有呢，品牌商品相对来说也有质量的保证。”妈妈说得又深入了一些。

“总结一下，品牌好像成了一个人身份和品位的象征，不同的品牌代表着不同的个性和风格。大家对于品牌的选择，不仅仅是因为喜欢它们的设计或质量，更多的是希望自己的某种身份被认可，某种标签被看到。”暖暖的学习能力确实很强。

“暖暖，你说得对！每个人都有自己喜欢的品牌，而这些品牌似乎也成了他们身份的一部分。运动健将们总是穿着最新款的运动鞋，文艺青年偏爱有着独特设计的小众品牌，而你那些追求时尚、自由的同学，自然就会喜欢潮牌了！”妈妈称赞了暖暖。

妈妈站起身，从衣柜里拿出一个精美的盒子，递给暖暖。暖暖打开一看，是一个很漂亮的小背包，她记得妈妈只在特殊场合才会背它。

“妈妈，这个包包好漂亮，但是你平时都不怎么用。”暖暖说。

妈妈微笑着解释：“这个包包是我买的最贵的一个包了。它的设计和品质都非常好，从价格上来说，它算是一件奢侈品了。”

“一个包包卖这么贵，妈妈你为什么要买？”暖暖忍不住问。

“暖暖，你知道著名的‘马斯洛需求层次理论’吗？”妈妈问。

暖暖摇了摇头，于是，妈妈给暖暖解释了起来。

“‘马斯洛需求层次理论’把人的需求层次分为五部分，它们像金字塔一样排列，从下至上分别是生理需求、安全需求、爱和归属需求、尊重需求、自我实现需求。人们通常是从最底层的需求开始满足，当吃饱了、穿暖了、有房子住，满足了生理需求之后，就开始有安全需求了，再之后要有爱和归属需求，然后就是尊重需求，最高层次则是自我实现需求。所以，从购买品牌商品实际上是购买它背后的文化表达的意义上来说，买奢侈品显然超越了基础的生理需求，它更多的是为了满足更高层级的需求。对于有些人来说，购买奢侈品也是实现个人生活理想的一种方式，这一点也契合了马斯洛需求层次理论的最高层级，即自我实现需求。”

“但是这包包的价格也太贵了啊！”暖暖还是觉得妈妈的小背包虽然好看，但是价格确实有些偏高。

“是啊，是很贵。所以消费时首先要考虑的是自己的经济能力，一定要在财务承受范围之内。再来看这种奢侈品包包背后的逻辑和含义。”妈妈继续深入分析，“奢侈品之所以定高价，有时就是希望用高价来做客户区分，这种价格带来的距离感也是它们所追求的效果。另外，暖暖你知道吗，这些包包都是限量生产的，非常稀缺，而稀缺性从供需关系来说，供给量少的，价格就会变高；同时，稀缺性让这些包包具有了收藏价值。没准妈妈的这只包包，过几年还能以比购买时更高的价格出售呢！”

“嗯，原来这个为了体现身份和个人品位进行的消费，背后竟然有这么多学问啊！”暖暖感慨。

“哈哈，是啊，我们身边的这些事，背后的学问大着呢！”妈妈回应说。

“妈妈，我也来说件身边的事。上周辩论课后，我们在逛那几家服装店时，我发现有的衣服虽然款式差不多，但是价格却相差很大，同学说，她妈妈一定会挑最贵的买。当时没觉得什么，现在想来，一定是有商家针对这部分顾客，故意把价格定高了一些呢！”暖暖想起自己身边的这件小事。

“暖暖，你说的这个现象，正是一个经济学的概念，叫‘凡勃伦效应’。大概就是说，一个商品的价格越高，反而越畅销，越受消费者的青睐，和我们之前说的供需关系都不一样，是因为这部分客户期望通过高价产品获得一种炫耀感。”

"哇，原来这就是凡勃伦效应啊！"暖暖恍然大悟，她开始理解为什么有些商品即使价格昂贵，却仍然受到一部分消费者的追捧了。

妈妈点点头，继续解释道："凡勃伦效应反映了一种特殊的消费心理，即消费者对高价位商品的追求，这往往与他们对高品质生活的追求相联系。在某些情况下，高价位商品成了品质和地位的象征。"

"妈妈，从理性消费的角度来看，买不买奢侈品，是不是也要看我们是不是真的喜欢，是不是真的适合我们？"暖暖问道。

"当然，"妈妈回答，"无论是奢侈品还是其他商品，我们都应该根据自己的实际情况和需求来决定。如果一件奢侈品能让你感到快乐，提升你的生活品质，并且你的经济能力也允许，那么购买它并没有什么不妥。但如果购买奢侈品会给你造成经济负担，或者你并不真心喜欢它，仅仅为了满足虚荣心，那就没有必要了。"

理性消费是关键，消费者应该根据自己的需求和喜好做出选择，而不是盲目追求品牌或者价格。明白这些，是暖暖今天和妈妈交谈最大的收获。

"妈妈，我想我知道怎么准备我的辩论赛了。"暖暖自信地说。

在接下来的辩论赛中，暖暖赢得了评委和同学们的认同，她的观点清晰有力，逻辑严谨。她不仅展示了自己对经济学概念的理解，也传达了一种成熟的消费观念。

辩论赛后，暖暖和妈妈再次来到商场。这一次，暖暖更加自信地挑选衣服，她不再被品牌所束缚，而是根据自己的喜好和需求来选择。她找到了一件既符合自己风格又价格合理的连衣裙，感到非常满意。

“妈妈，我觉得这件衣服很棒，它虽然不是名牌，但我非常喜欢。”暖暖开心地说。

妈妈笑着点头：“价值是主观的，关键在于它是否适合你，是否能让你感到快乐。”

经济学小锦囊

马斯洛需求层次理论

马斯洛的这个理论提出了人的需求从低到高划分为五个层次，分别是生理需求、安全需求、爱和归属需求、尊重需求和自我实现需求。人们在满足了基本的生理和安全需求后，会追求更高层次的爱和归属、尊重以及自我实现需求，而品牌商品和奢侈品的购买往往是为了满足这些更高层次的需求。理解这一理论有助于我们更好地把握消费行为背后的动机，进而做出更理性的消费决策。大家无论是买普通的品牌，还是奢侈品，都可以用这个理论来解释。

凡勃伦效应

这一概念最早是由美国经济学家托斯丹·凡勃伦提出的，它描述了消费者在购买某些商品时，价格越高，购买欲望越强烈的现象，这主要是为了展示一种炫耀感。这种消费行为背后的经济学原理，不仅是对物质追求的体现，更是对个人身份和社会地位的一种表达。

商场该是什么样子

周五的晚饭时间，妈妈对爸爸说："你看新闻了吗？"

爸爸抬头看了妈妈一眼："什么新闻？"

"牛油果绿洲要关门了。"

"牛油果绿洲？就是我们之前常去的那家百货大楼吗？"爸爸有点不确定妈妈说的"牛油果绿洲"是否和他想的是同一个地方。

"对，就是那家。唉，我还是挺难过的，那里全是青春记忆啊！"妈妈有点沮丧。

"是啊，现在的实体商场经营太难了，尤其是像这样的老式百货大楼。"爸爸感慨道。

"我们明天再去逛逛？月底就要关门了，还有二十几天的时间。"妈妈想在商场关门前再去逛一下。

"没问题！暖暖要不要一起去看看？"爸爸问暖暖。

"好呀，在我下午游泳前赶回来就行。"游泳果然是暖暖的最爱。

周六上午，牛油果绿洲商场一开门，暖暖一家三口就光顾了。站在商场的大门前，爸爸妈妈的记忆如潮水般涌上心头。这家百货公司曾是他们年轻时周末的好去处，每一次购物都充满了欢笑和惊喜。

然而，在暖暖眼中，这里好像并没有什么惊喜。牛油果绿洲商场一楼全是卖化妆品的，二楼和三楼卖的是女装，四楼卖的是男装，五楼卖的是童装和体育用品，六楼有几家餐厅。陈旧的装修风格和格局，甚至还有那种专门的收款小窗口。

“妈妈，牛油果绿洲商场真的有些过时了，卖的东西也不是太吸引人，连个休息的椅子也没有！”暖暖直言不讳。

妈妈点点头，她也有同感。牛油果绿洲商场的设施显得有些陈旧，品牌也不够时尚，很难吸引现在的消费

者。他们逛了一会儿，发现很多店铺都在打折清仓，但顾客基本和他们一样，来回忆青春的居多，真正消费买东西的却寥寥无几。

“爸爸，牛油果绿洲这么陈旧，怪不得会关门啊！”暖暖说。

爸爸沉思了一会儿，回应道：“暖暖，你说得对。牛油果绿洲商场没有跟上时代的变化。就像时间向前走，而牛油果绿洲还在原地踏步或者走得太慢了。”

“暖暖，我和你爸上大学的时候，牛油果绿洲商场真是一个非常棒的地方，那时候还没有网络购物，也没有现在这样多元化的购物中心。可是今天，商场跟不上时代了，不得不退出历史的舞台。商场的繁华不再，也许这就是时代的变迁吧。但是，一想到我们和牛油果绿洲共同的记忆，心里还是难免有点唏嘘啊！”妈妈动情地说。

“哎呀，妈妈，我明白，虽然你们来牛油果绿洲逛街的时候，还没有我呢！哈哈！”暖暖试图逗妈妈开心。

“要是牛油果绿洲也能改造成具有新功能的购物中心就好了。”妈妈憧憬地说。

“要改变也没那么容易，需要一个非常完善的方案，一个执行力强的团队，还需要一个核心的领导，缺一不可。牛油果绿洲这些年也不是没有尝试过改变，但由于各种原因，始终没有彻底扭转局面。”爸爸分析道。

“牛油果绿洲的经营模式的确挺传统的，没有为顾客提供更多的体验和服务，现在的商场不能仅仅定位为一个卖东西的地方，更应该是提供休闲娱乐和社交的场所。”妈妈补充说。

“爸爸妈妈，你们说，现在网购这么发达便利，团购也到处都是，那我们还需要实体购物中心吗？”暖暖听着爸爸妈妈的讨论，也思考了起来。她开始理解牛油果绿洲商场为什么会陷入困境。她想到自己平时也更喜欢在网上购物，因为网上购物既方便又快捷，而且选择更多。但如果真的没有了实体购物中心，生活中似乎也让人觉得缺了点什么吧。

爸爸先回答暖暖："暖暖，我觉得，如果现在的购物中心一直不进行改变，20年后，它们也会像今天的牛油果绿洲一样。尤其是在互联网时代，实体购物中心必须有除了购物以外的新功能。”

“暖暖，你有什么想法吗？”妈妈察觉到暖暖可能有自己的答案和想法。

“妈妈，我觉得商场可以变成另一种形式的存在。它不仅仅是买卖商品的地方，也不应该只是现在这样简单的购物中心，仅仅集合了各种类别的店铺。商场应该成为人们体验生活、享受时光的空间，在这里，人们不仅能买到东西，还能参与艺术展览、文化讲座，还可以做手工、画画，甚至还能开展辩论赛！”暖暖竟然把她喜欢的辩论活动也规划进去了。

“哈哈哈，这听起来就是暖暖风格的商场，还有辩论赛呢！”爸爸妈妈都笑了。

“暖暖，你说得特别好！不过，我想还应该结合网络购物的特点，实现线下和线上的融合，提供体验式、定制式以及个性化的服务。暖暖你知道吗，你说的这些，其实就是体验经济的一种体现，就是和‘人’紧密相结合。”妈妈说。

暖暖点点头。或许以后还会有很多新形态的商场吧，是那种现在完全想象不到的商场。就像妈妈说的，他们小时候怎么也想不到电影院竟然可以开在商场里。不过可以肯定的是，商场一定不会只是一个简单的购物场所，而将是一个能满足人们对生活品质的追求，丰富生活内涵的多功能综合体验空间。

经济学小锦囊

互联网经济

指借助互联网技术，实现商品和服务交易的经济活动。它具有开放性、互动性和便捷性等特点，能够突破时间和空间的限制，为消费者提供更加丰富的商品和服务。

体验经济

体验经济强调的是消费者在购买过程中的体验和感受，而不仅仅是商品本身的功能和价格。随着生活水平的提高，人们越来越愿意为独特的体验和个性化的服务付费。商场和商店可以通过提供互动体验、教育培训、娱乐活动等方式，吸引消费者走进实体店，提升他们的购物乐趣和满意度。

经济学小测试

1. 关于网络购物

素素在网上购物时，遇到的最大挑战是什么？

A. 找不到想要的商品

B. 判断商品的真实质量有困难

C. 网上支付不安全

D. 送货速度太慢

2. 关于马斯洛需求层次理论

马斯洛需求层次理论中的最高层次需求是什么？

A. 生理需求

B. 安全需求

C. 自我实现需求

D. 尊重需求

3. 关于凡勃伦效应

关于凡勃伦效应，以下哪项描述是正确的？

A. 凡勃伦效应表明消费者总是偏好价格较低的商品

B. 凡勃伦效应指的是消费者对价格不敏感，更注重商品的质量

C. 凡勃伦效应揭示了某些消费者可能会因为商品价格高而认为其具有更高的地位象征，从而更愿意购买

D. 凡勃伦效应认为消费者总是理性的，只会根据商品的性价比做出购买决策

第五章

CHAPTER 5

珠宝失窃案

人物介绍

蕙兰奶奶

一位见证了牛油果果小镇变化的老人，善良、优雅，喜欢给孩子们讲故事，小镇上的孩子们几乎都是听着蕙兰奶奶讲的故事长大的。

狄非警长

小镇最厉害的大侦探，他最喜欢的书是《福尔摩斯探案集》，他用自己的智慧和勇气守护着小镇的安宁与秩序。

马丁和阿迪

小偷，两人来自附近的百香果果小镇。前几年他们因为一场争执而相识，这几年他们一直游手好闲，每份工作都干不长久。

奶奶的宝石戒指不见了

在牛油果果小镇的一个宁静的街区，矗立着一栋历经岁月沧桑的老房子。爬山虎沿着窗沿向上爬，门外的大树洒下一片绿荫。

这里住着一位慈祥的奶奶，她有个好听的名字：蕙兰。蕙兰奶奶的善良和优雅在小镇上是出了名的。她总是乐于助人，对孩子们更是疼爱有加。在孩子们心中，蕙兰奶奶就像一本充满智慧和趣味的厚书，里面藏着无数精彩的故事。

蕙兰奶奶的声音温柔极了，每当她开始讲述那些古老的传说或是她年轻时的趣事时，孩子们总会不约而同地围拢过来，静静地坐在她的摇椅旁，聚精会神地聆听。她的故事总能带给孩子们无限的想象和欢乐，让他们仿佛也经历了一场场奇妙的冒险。

蕙兰奶奶住的老房子近百个年头了。岁月在墙壁上留下了斑驳的痕迹。这座房子见证了蕙兰奶奶一生的点点滴滴，每一砖每一瓦都承载着她的回忆。然而，随着时间的流逝，老房子也开始显露出疲态，需要更多的维护。于是，蕙兰奶奶的儿子为她购置了新居，希望她可以住得更加舒适、安逸。

在搬家前的这段日子，蕙兰奶奶收拾了很多小物件，就连空气中都弥漫着淡淡的怀旧气息。她坐在一张旧木椅上，手指轻轻滑过那些年代久远的物品，每一件似乎都在诉说着一个故事。

在抽屉的最深处，是她最珍贵的宝贝。这是一个有点泛黄的小木盒，她小心翼翼地打开，里面躺着一枚宝石戒指，那是她妈妈留给她的。戒指上的绿色宝石在阳光的照耀下好像散发着柔和的光芒，唤醒了蕙兰奶奶深藏的记忆。

还记得那是个温暖的春日午后，阳光也是这样透过这扇窗洒进屋内。她的妈妈病得很重，一直卧病在床。

“蕙兰，帮我把抽屉打开，”妈妈对她说，“在抽屉的最里面，有一个小盒子。”年轻的蕙兰把抽屉拉到尽头，果然在最里面发现了一个木制的小盒子，蕙兰把盒子递到了妈妈手里。

妈妈强撑着坐了起来，靠在床头，小心翼翼地打开了盒子。盒子里是一枚戒指，上面镶嵌着一颗硕大的祖母绿宝石，耀眼极了。

“这是我妈妈，也就是你外婆留给我的戒指。今天我把它交到你的手上，希望以后你传给你的孩子。”蕙兰奶奶记得自己当时的心情既激动又紧张。“妈妈，我会好好保管它的，”蕙兰奶奶轻声承诺，“我会让它继续一代代传下去。”

这么多年后，蕙兰奶奶再次打开这个盒子，看到这枚戒指，不禁想起了妈妈，“当年那个年轻的女孩儿，现在已经成为一个老奶奶了。”蕙兰奶奶笑了笑。

搬家的那天，小镇上的居民们都来帮忙。他们小心地搬运着蕙兰奶奶的家具和珍贵物品，孩子们也都跑前跑后，帮助整理蕙兰奶奶的故事书和照片。

新房子里，一切都被布置得温馨而雅致。墙上挂着蕙兰奶奶珍爱的画作，书架上摆满了她钟爱的书籍，那张她最爱的摇椅被安置在窗边，阳光透过窗帘洒在摇椅上，温暖而宁静。

夜幕降临，小镇上的灯火渐渐亮起，蕙兰奶奶决定把戒指放进新家的保险箱里，以保证它的安全。她起身去找那个小盒子。

可是当她打开盒子，却发现里面空空如也，宝石戒指不见了！蕙兰奶奶急坏了，惊慌失措地到处找，“是不是压在装衣服的袋子里了？”“会不会和旧书本放在同一个箱子里了？“难道是忘记带过来，落在老房子里了？”蕙兰奶奶几乎把每个角落都翻遍了，但戒指就像被夜色

吞噬了一般，消失得无影无踪。

蕙兰奶奶找遍了屋子，累得瘫坐在沙发上，心里难过极了。儿子现在在外地，不能马上来帮忙，她只得打电话给警长狄非求助。

狄非警长接到电话后，立刻赶到蕙兰奶奶的新家。他耐心地听奶奶讲述戒指丢失的情况，一边安慰奶奶，一边反复思考奶奶提到的各个细节。

小偷应该是他们俩

警长狄非可是牛油果果小镇探案最厉害的人了。“没有他破不了的案！”小镇居民们都这样说。

在蕙兰奶奶提供的情况中，警长狄非仔细排查，试图找出戒指失踪的线索。其中一个细节引起了他的注意。

蕙兰奶奶说她白天在整理衣物时，有几个邻居的孩子来帮忙，他们好奇地围着那些古旧的物品看来看去。她当时并没有多想，只是笑着让他们小心一些，然后就去其他房间继续整理了。差不多过了几十分钟，奶奶走出房间，看到孩子们中多了两个不太熟悉的年轻人。他们看到奶奶走了出来，便转身离开了。后来，蕙兰奶奶走到门口，无意中看到这两个年轻人在街角交头接耳，而他们的目光似乎总是不时地投向她家的方向。

狄非觉得，应当从这个线索入手，深挖下去。

第二天一早，狄非就去找了蕙兰奶奶提到的那几个孩子。孩子们都很配合，努力回忆当天下午在蕙兰奶奶家的情景。

说起那两个年轻人，孩子们都说之前并不认识他们，在那天的聊天中得知他们住在其他小镇，打算出去旅游，恰好路过牛油果果小镇。孩子们还回忆起了一个重要的细节，他们当时一起打开过小木盒，里面放着一枚宝石戒指，其中一个年轻人还把戒指拿出来戴在手上试了试，另一个年轻人说戒指真是太漂亮了。再后来，对于他们有没有把戒指放回小木盒，孩子们出现了分歧。

“好像放回去了！”一个孩子说。

“不对！我记得他一直戴在手上，还对着阳光看宝石的光芒呢！”另一个孩子反驳道。

狄非觉得，有必要找到这两个年轻人，当面问清楚。

在牛油果果小镇，找到两个外乡人并不是难事。没多久，狄非的同事们就把这两个年轻人带到审讯室了。他们脸上带着不自在的表情，眼神躲闪，似乎在努力掩饰着内心的慌张。

审讯室内，灯光昏暗，空气中弥漫着一种紧张的气氛。狄非警长坐在一张桌子后面，目光锐利地盯着两个年轻人。高高瘦瘦的叫马丁，矮矮胖胖的叫阿迪，他们来自百香果果小镇，去旅游的路上经过了这里。狄非查了他们的档案，发现没有什么不良记录，而两个人也很合作，但是都坚称自己与蕙兰奶奶的宝石戒指失窃无关。

但今天，他们成了这起失窃案的主要嫌疑人。狄非警长查了蕙兰奶奶家房子门前的监控，的确看到这两个人形迹可疑地走出了门，放大影像看，他们还刻意把手挡住了。这不禁让人怀疑是不是为了盖住手上的戒指。

“马丁，你确定没有见过蕙兰奶奶的宝石戒指吗？”狄非问道，语气平和，但眼神中流露出不容置疑的坚定。

马丁紧张地摆弄着手指，他的目光在警长和墙壁之间游移。“我……我真的没有见过。”他的声音有些颤抖，显得不太自信。

“那么，阿迪，你呢？你也没有见过那枚戒指吗？”狄非转向另一个年轻人，他的声音依旧平静，但眼神变得更加锐利。

阿迪的额头上渗出了细密的汗珠，他用手背擦了擦。“没有，我也没有。我们只是去转了转，别的什么都没做。”他的回答同样坚决，但声音中带着一丝不易察觉的颤抖。

狄非沉默了一会儿，从犯罪心理学的角度来看，他推测这两个年轻人可能在撒谎。于是，他决定先让他们回去，明天再采取一种新的策略——将两人分开审问，希望能够攻破他们的心理防线。

“好吧，你们可以回去了。但请记住，如果你们隐瞒了什么，最终都会真相大白的。”狄非警长站起身，示意他们可以离开。

马丁和阿迪如释重负地站起身，他们对视了一眼，眼中闪过一丝复杂的情绪。夜色已经降临，小镇的街道上灯光稀疏，显得格外安静。两人沿着街道慢慢走着，他们的影子在路灯下拉得很长，心中充满了不安。

“你觉得他们会相信我们吗？”马丁低声问道，他的声音中带着一丝焦虑。

阿迪摇了摇头，他的眼神在夜色中显得有些迷茫。“我不知道，但我们必须坚持到底，不能让他们发现。”

警长的新办法

早上天一亮，马丁和阿迪就被叫到审讯室，说是有新的问题需要再次询问。这一次，他们被分别关在两个审讯室中。

他们的心跳在紧张的气氛中加速，两人的思绪如同被困在迷宫中的老鼠，慌乱无措，心里暗暗想着该怎么办，焦虑和慌张的情绪在心头蔓延。昨天晚上，他们已经商量好，无论发生什么，都不会承认偷了蕙兰奶奶的宝石戒指。

第一审讯室内，马丁的双手紧紧握成拳头，脑子里是他们昨天晚上的“誓言”，他们互相承诺：“要坚持到底，不承认，不出卖彼此。”狄非警长递给马丁一杯热水，淡淡地说：“喝点水吧。”慌张的马丁颤抖着接过杯子，赶紧喝了几口水，试图平复自己的情绪。

看他情绪渐渐平静下来，狄非警长不紧不慢地说：“马丁，我再问你一次，是你们偷的宝石吗？”

“不是！”马丁斩钉截铁地回答。

“可是马路上的监控都记录下来了。”狄非警长骗他说。

马丁听到这里，吃惊的表情掠过脸上，不过他马上就平静下来。他觉得应该是警长在诈他，因为当时出门的时候，他担心有摄像头，特意用手挡了自己的面部。马丁依然坚持：“不是我们偷的！”

第二审讯室的阿迪，情况和马丁这边如出一辙。

狄非一看就知道两个人已经提前串通好了。“哼哼，都不肯松口，我要上杀手锏了！”

狄非再次走进第一审讯室，直截了当地告诉马丁：“尽管你们不承认，但是我知道就是你们两个偷的，事情早晚会水落石出。现在，我给你一个主动坦白的机会，你听清楚。”狄非画了个表格给马丁看，并讲给他听。

	阿迪——招供	阿迪——沉默
马丁——招供	5 年，5 年	0，10 年
马丁——沉默	10 年，0	48 小时，48 小时

如果马丁招供，同时阿迪在另一间审讯室也招供，那么两个人都要被判处 5 年的监禁；

如果马丁招供，但是阿迪不招，继续保持沉默，那么马丁算是有立功表现，可以当场释放，阿迪则会在监狱里关上 10 年；

如果马丁坚持不招，保持沉默，但是阿迪招供，那么情况相反，马丁要被关在监狱10年，而阿迪当场释放；

如果马丁坚持不招，同时阿迪也不招供，那么两个人各被关48小时，就都释放了。

这一番分析下来，马丁迅速地盘算了起来。

显然，最好的方案就是两个人都不招，关48小时就可以回家了！但是，万一在另一个审讯室的阿迪坚持不住招了呢，马丁就要被独自关10年啊！这也太可怕了吧！

另一间审讯室，阿迪也经历了同样的审讯和抉择。

“如果马丁招供我沉默的话，那么我会被关10年；如果马丁和我都招供就各关5年；如果马丁沉默我也沉默就各关48小时；我招供就可以当场释放！”阿迪飞速地盘算着，“那无论马丁招供还是沉默，对我来讲，都是招供更划算啊！”

阿迪心里已经有了决定。其实马丁也一样。

在这一刻，无论是马丁还是阿迪，他们其实都知道，如果两个人都保持沉默，会是最好的结果。48小时以后，他们就能开开心心回家！但是，两个人都不清楚被分开审讯的对方的选择，所以还是要考虑对自己有利的情况。至于前一天晚上，两个好兄弟的“誓言盟约”，早就被抛在脑后了。

小偷招认了！

对马丁和阿迪来说，警局审讯室的灯光显得格外刺眼。狄非警长的策略就像一场精心设计的心理游戏，让他们不得不在忠诚与自保之间做出选择。

马丁的心跳得越来越快，他的眼神在审讯室的墙上游移。阿迪的情况也好不到哪去，他的手心湿漉漉的，汗水沿着额头滑落。

狄非警长再次进入审讯室，他的目光如同猎鹰般犀利，仿佛看透了他们俩。他知道，这场心理战已经到了关键时刻，只要再施加一点压力，就能让两人的心理防线崩溃。

“马丁，阿迪已经承认了。”狄非警长平静地说，声音中带着一丝不容置疑的威严。马丁的脸色瞬间变得苍白，他明白，如果阿迪真的供认了，他还坚持沉默，他就要被关 10 年了。

在另一间审讯室里，狄非警长也对阿迪说了同样的话。阿迪害怕自己会成为那个唯一被关押 10 年的人。

不出所料地，他们俩都选择了招供。他们承认偷走了蕙兰奶奶的宝石戒指，并交代了戒指的藏匿地点。

狄非警长的脸上露出了满意的微笑。他的策略成功了，两个小偷在自保的心理作用下，选择了对自己最有利的行动。

“丁零零……丁零零……”蕙兰奶奶家的电话响了。

“蕙兰奶奶，我是狄非，告诉您一个好消息，您的宝石戒指我们找到了！一会儿就给您送到家里去！”狄非赶紧第一时间告诉蕙兰奶奶。蕙兰奶奶因为惦记着她妈妈传给她的这枚祖母绿宝石戒指，这几天，吃不好也睡不好。

当蕙兰奶奶再次把这枚戒指放在手上抚摸的时候，她的眼中泛起了泪花。“妈妈，这枚戒指，我没有弄丢。”蕙兰奶奶在心里默默地说，仿佛在这一刻，她又回到年

轻的时候。

后来，很多人好奇地问狄非警长，究竟用了什么办法让两个小偷招供。狄非警长自豪地说，“我的秘密武器叫‘博弈论’，哈哈哈！”

经济学小锦囊

博弈论“囚徒困境”

“博弈论”是一种数学理论，经常被用在经济学领域，主要研究的是在不同的人际互动情况下，该选择怎样的策略。而“囚徒困境”是个非常经典的博弈论模型，每个囚犯都需要充分考虑到同伙的选择，再做决定。马丁和阿迪遇到的情况，就是“囚徒困境”。

纳什均衡

这是在“博弈论”的模型和假设中最好的一种情况，是无论怎么改变，都不会更好的情况，以约翰·纳什的名字命名。例如，在“囚徒困境”的故事里，马丁和阿迪的最优选择是都招供，那么“两个人都招供”就是这个博弈论案例中的“纳什均衡”。约翰·纳什是美国著名经济学家、数学家，也是诺贝尔经济学奖获得者。

番外

⑤孔明和徐庶的“囚徒困境”

还记得在《龙卷风来袭》一文中提到的两个菜场老板——孔明和徐庶吗？五彩菜场的老板孔明和常乐菜场的老板徐庶曾经达成了一个价格联盟，他们约定用一个比较高的蔬菜价格来垄断小镇的蔬菜市场，以避免恶性竞争导致的价格战。这个联盟在理论上能够为两家菜场带来稳定且丰厚的利润。但是，如果两个人随便达成了同盟，而其中任何一方为了增加销量，偷偷地降价呢？

降价的一方就可以吸引更多的顾客。这时，另一方就会陷入两难的境地：如果不降价，那么钱都被对手赚去了；如果跟进降价，那么两家的利润都会减少。真难选择！这不就是我们刚刚提到的博弈论中的“囚徒困境”吗？

番外

⑤博弈论“智猪博弈”

博弈论中确实包含了众多模型，除了有趣的“囚徒困境”，我们再来了解一下“智猪博弈”。

在一个宁静的乡村，有一只大猪和一只小猪，它们住在同一个猪圈里。主人在猪圈的一端放了一个食槽，而要想吃到食槽里的食物，必须按一下开关才行，可是开关装在猪圈的另一端——和食槽方向正好相反。

所以，如果想吃到食物，就需要有一只猪先跑到相反方向打开开关，然后再跑回食槽这边来吃饭。可是，去按开关的那只猪，不仅要耗费更多的体力，而且要晚一些到达食槽。

我们来看看体力值的数字。

- 无论哪只猪跑去按下开关，都需要耗费体力值 2；
- 按下开关之后，会有相当于体力值 10 的食物落到食槽里。

接下来的问题就是：究竟该由谁去打开开关呢？大猪希望小猪去，小猪希望大猪去。我们来分析一下几种可能性。

1. 两只猪一起去按开关

听上去这个方案最公平，它们各自消耗2个体力值去打开开关，掉落了10个体力值的食物；然后它们同时跑回食槽。由于大猪比小猪吃得快，最后大猪吃了7个体力值的食物，小猪吃了3个体力值的食物，因为之前还分别消耗了2个体力值，所以最后大猪净赚了5个体力值，小猪赚了1个体力值。

2. 大猪去按开关

大猪先消耗2个体力值，小猪没有消耗。由于小猪比大猪早到食槽吃饭，所以比两只猪同时开始吃饭多吃了1个体力值的食物，最后大猪吃了6个体力值的食物，小猪吃了4个体力值的食物。大猪要减去消耗的2个体力值，最后大猪净赚4个体力值，小猪也净赚了4个体力值。

3. 小猪去按开关

小猪先消耗2个体力值，并且还要晚吃饭。大猪在食槽前吃得又快又多，最后大猪吃了9个体力值的食物，小猪只吃了1个体力值的食物。小猪还要减去2个消耗的体力值，变成-1个体力值了，太亏了。所以最后，大猪净赚9个体力值，小猪亏了1个体力值。

4. 两只猪谁也不去按开关

这样谁都没饭吃了……

总结一下，它们两个最后的体力值如下：

	小猪按开关	小猪等待
大猪按开关	7，3	4，4
大猪等待	9，-1	0，0

收益值一目了然，那么两只猪将如何做出选择呢？

大猪选择去按开关时，小猪如果跟随行动，其收益是3；如果等待，其收益是4。所以，大猪如果去按开关，小猪等着不去是更好的选择。

大猪选择等待时，小猪如果行动，其收益是 -1；如果等待，其收益是 0。所以，大猪如果不去按开关，小猪也应该选择等待，毕竟去按开关会耗费体力值，最终还可能导致亏损，还不如不去。

所以，对于聪明的小猪来讲，它一定会选择等着不行动。等着大猪去按开关，自己跟着去吃食物。

你看看，是不是这样？

经济学小测试

1. 故事中马丁和阿迪的最终选择是什么？

A. 都选择沉默

B. 都选择招供

C. 一个招供，一个沉默

D. 以上都不对

2. 在“智猪博弈”中，对两只猪来说，它们的最优策略是什么？

A. 大猪去按开关，小猪等待

B. 小猪去按开关，大猪等待

C. 两只猪都去按开关

D. 两只猪都不去按开关

第六章

CHAPTER 6

小镇庆典

人物介绍

摇摇镇长

年轻有学问，还非常努力。他总是把新的理念和思路融入小镇的管理中，上任近一年来，得到小镇居民的一致好评。

小镇庆典筹备小组组长杜小舟

聪明伶俐，高智商、高情商，执行力强，营销专业毕业的高才生。

小麦一家

姐姐小麦，擅长画画；妹妹小米，负责可爱。她们和父母一起组成一个温馨的四口之家。

“茶画”店老板叶茗

年轻知性，热爱传统文化，也是一位艺术爱好者。

牛油果果冰激凌店老板阿瑞

有两个孩子，一个上中学，一个上小学，是个特别好的爸爸，也是个好老板。

“健康甜心”冰激凌店老板张弛和艾薇

一对爱运动、注重健康的夫妇，他们特别喜欢吃冰激凌，开了一家既健康又美味的冰激凌店。

小镇最热闹的节日

最近这段时间，牛油果果小镇的韬韬镇长又开始频繁加班，常常不能按时回家。

“韬韬一加班就不好好吃饭，我做了他最爱吃的牛油果焗饭，一会儿你给他送到办公室去吧！”韬韬妈妈心疼儿子，便让韬韬爸爸去办公室送饭。

韬韬爸爸带着牛油果焗饭来到韬韬的办公室门口，里面正在热火朝天地开讨论会。

“会展经济对于商家的好处毋庸置疑，但我们要思考如何让今年的庆典更有特色一些，同时也尽量规避前几年出现的问题……”这是韬韬的声音。

“根据前十年庆典之后的调查问卷来看，居民们对庆典的期待都非常高，参与的热情度也持续在高位，他们已经将这个庆典视为小镇的一项重要仪式了。”说这话的是韬韬的同事——小镇庆典筹备小组的杜小舟，他是一个营销专业毕业的高才生。

韬韬爸爸想了想，决定还是不打扰韬韬了。他默默地把饭盒放到办公室门口，给韬韬发了条消息就离开了。

“儿子这段时间很忙，在做整个小镇居民都非常重视的大事，我们就辛苦一点，给儿子送饭吧，让他吃好一点，保证营养，别因为太累影响身体。”回家的路上，韬韬爸爸想。

在牛油果果小镇，有很多有趣的节日，如牛油果丰收节、春泥踩踩节、热气球巡航节……但最热闹的非小镇庆典莫属，这也是小镇居民最重视的节日，几乎家家户户都会参与其中。小镇庆典承载着小镇居民们对于小镇特有的“仪式感”的需求。

如何庆祝这么重要的节日，也是韬韬镇长今年的重点工作之一。转眼间，韬韬上任快一年了，这也是他第一次负责筹备庆典。还记得去年，老镇长在小镇庆典上已经有些力不从心了，但他还是硬撑着办完了庆典。

“一定要办好小镇庆典！”这不仅是韬韬对自己的要求，也是老镇长卸任时对韬韬的嘱托和期望。

韬韬早早地就开始召集各部门开会，讨论庆典的各项事宜。从安全保障到活动安排，从环境卫生到交通疏导，每一个环节都被反复推敲，确保庆典能够顺利举行。

“今年的庆典，我们要办得更加精彩，让每一位居民都能有很棒的体验。”韬韬镇长在会议上激情满怀地说，“当然，我们也要让参展的商家受益，这是推动牛油果果小镇经济发展的一个重要契机！”

商家们对于小镇庆典的热情异常高涨。他们太明白了，这个牛油果果小镇最大规模的活动被全体小镇居民关注着，这是一个展示自己商品和服务的绝佳机会。

小镇的居民们也对庆典充满了期待。他们早早就开始讨论要购买哪些商品，要参加哪些活动。孩子们尤为兴奋，他们期待着庆典上的游乐设施和各种游戏。

今年的小镇庆典广告陆陆续续推出了。马路两边张贴着海报，还插上了一些宣传的旗子；电视台新闻每天报道小镇庆典的筹备进展；手机上的媒体也在持续推送相关信息。而在牛油果果小镇中心广场——小镇庆典的举办地，各种准备工作正热火朝天地开展着。

“你听说了吗，今年的庆典会有新的快闪店铺，还有好多我们没见过的新奇物品呢！”在小镇的咖啡馆里，居民们兴奋地交谈着。

“什么是快闪店铺啊？之前好像没有见过。”一个居民问。

“快闪店的英文名叫Pop-up Shop，其实就是临时搭建的小型店铺，一般都很有设计感，卖的产品通常也会比较特别一点。”一个年轻的女孩解释道。

“是啊，我听说还有盲盒活动，里面可能有限量版的

牛油果果小镇纪念品呢！”女孩的同伴补充说。

“据说今年庆典的最后还会有一个慈善晚宴！”关于小镇庆典的种种消息，似乎都成了牛油果果小镇这段时间的热门话题。

韬韬站起来活动了一下，他已经连续加班了二十天。明天就是小镇庆典开幕的日子了。

杜小舟也在加班，他拿着一份刚完成的报告，兴奋地冲进办公室给韬韬看，“我们已经吸引了周边好几个小镇的关注，这次‘会展经济’的影响力显著增强，会有很多其他小镇的游客前来参加，这对我们的商家来说，意味着更多的商机！”

“真是太棒了！我们的广告营销有效果了，快闪店铺作为本次庆典的亮点，也一定会大放异彩！”韬韬已经开始期待明天小镇庆典的正式开幕了。

经济学小锦囊

会展经济

通过举办各种会议、展览、节庆等活动来带动地区经济的增长，创造商机，并提升地区形象。在牛油果果小镇的故事中，一年一度的小镇庆典不仅增强了居民的归属感，还吸引了大量游客和商家参与，让小镇的经济更有活力。

快闪店铺

一种短期存在于某个特定地点的零售店，它允许商家在有限的时间内，通过创意和体验式营销来测试市场反应、增加销量，并提升品牌知名度。通俗来讲，快闪店铺就像突然出现的小商店，它们用新颖和有趣的方式吸引顾客，销售一些特别的商品，同时也让更多人了解和记住这个品牌。

小盲盒里的大秘密

清晨的阳光透过窗户洒进了房间，睡在下铺的小米揉了揉眼睛，坐了起来，然后爬到上铺，摇晃着姐姐小麦的手臂。

“快起床！快起床！”小米对着姐姐喊。

“才几点啊，让我再睡一会儿……”姐姐翻了个身，不想起来。

“今天小镇庆典开幕了！你不去吗？”小米惦记了一晚上，她太期待庆典的开幕了。

小麦听小米说到庆典开幕，一下子坐了起来，“哎呀，我竟然给忘了，赶紧洗漱吃饭，我们要早点去逛！”

妈妈已经准备好了能量早餐，打算吃完饭就一起去小镇庆典。不仅孩子们期待已久，妈妈也很想去看看，毕竟看了那么久的宣传，终于可以到现场了！

电视上正在播放《牛油果果小镇早间新闻》，直播小镇庆典的现场情况，牛油果果广场被装点得非常漂亮。爸爸叫着姐妹俩：“小麦、小米，快来吃饭，吃完饭我们就出发去小镇庆典了哦！”

牛油果果广场上，空气中似乎都是喜悦和甜蜜的气息，热闹的氛围和活力四射的感觉扑面而来，孩子们的欢笑声此起彼伏，那些独具创意的快闪店铺，更为小镇庆典增添了一道独特的风景线。

远远地就能看到广场中心位置有个醒目的绿色店铺，店铺的外形就是一颗巨大的牛油果。作为牛油果果小镇的标志，它独占 C 位也真是恰如其分了。

“妈妈，我们去那里！”小米指了指牛油果果手办店，拉着姐姐就跑了过去。

“慢点！慢点！”妈妈都来不及嘱咐两句，孩子们已经冲向了牛油果果手办店。

爸爸妈妈跟着她们也到了这颗可爱又巨大的牛油果前，有很多人正在排队与它合影留念。而店铺里，牛油果样式的小手办，无论是大人还是孩子，好像都被它们可爱的、萌萌的样子吸引了。

牛油果果手办店推出了一款限量版的盲盒，每个盲盒里都装着一个牛油果样式的小手办。柜台的上方展示着盲盒里牛油果手办的全套款式，但顾客在购买时并不知道自己会买到哪一款。

通常，这家手办店的常规手办售价为59元一个，但现在快闪店里推出的限量盲盒，虽然不知道里面具体是哪一种款式，但是价格只需要39元，比常规手办便宜了20元！这种神秘感和期待感，还有“限量”带来的诱惑，让店铺里的每个人都忍不住想要试试自己的运气，看看能否以39元的价格买到自己心仪的款式。

“姐姐，你想买吗？”小米悄悄问姐姐。

“我想买一个，你呢？”小麦是带了压岁钱出来的，打算买一个盲盒。

“那我去问问妈妈，我们每人买一个是否可以。”小米说，“妈妈，我和姐姐每人可以买一个吗？用我们自己的压岁钱来买。”她担心妈妈不同意，赶忙补充说不用妈妈额外帮她们付钱。

妈妈笑了笑，和爸爸说：“正好让她们体验一下盲盒经济的魅力。”

“可以，不过每人只可以挑一个哦！”妈妈告诉姐妹俩。

“而且，你们要明白，虽然你们用便宜20元的价格买了盲盒，但因为是盲盒，所以你们并不清楚打开后会得到哪一个款式，可能是你们喜欢的，也可能和你们期待的不一样，你们都清楚吗？”爸爸把可能会发生的情况都和她们俩讲清楚了。

“没关系，我们就试试运气！你说是吧，小米？”小麦回答爸爸。

“嗯，我知道了！”小米说。

姐妹俩买好了盲盒，迫不及待就要打开，她们都觉得心跳有点加速。小米动作快极了，马上就撕掉包装，揭晓了答案。“唉，这不是我最喜欢的那个……”小米叹了口气，心里真的很想再买一个，但她答应爸爸妈妈只买一个，就一定要做到。自己的盲盒拆完了，她特别好奇姐姐的盲盒里是哪一种款式，于是，她对姐姐说：“快打开啊！我想看看！”

此刻的小麦虽然心里也很着急，但她的动作却慢了下来。她闭上眼睛，深吸一口气，小心翼翼地撕开了包装。她强压着自己既紧张又兴奋的情绪，慢慢打开盒子。首先露出的是牛油果可爱的脑袋，然后是它胖乎乎的身体，哇，是溜冰的牛油果！虽然这款不是小麦最爱的跳芭蕾舞的牛油果，但她也非常喜欢！

妈妈看小麦和小米都已经揭晓了盲盒的答案，觉得可以和她们讲讲盲盒经济了。“小麦、小米，妈妈现在给你们布置一个有趣的任务。”姐妹俩歪着脑袋听妈妈继续说，“你们用 10 分钟时间，观察一下这个店铺发生的事，要仔细观察！”

在店铺的另一边有两个人在说话，小麦走了过去，打算把他们作为自己的观察对象。

“这种营销策略真是太聪明了，”一位中年男士对他的朋友说，“虽然每个盲盒的价格比单个手办低，但是大家都想买好几个，希望能集齐所有的款式。”

“是啊，这样一来，店铺的销量就大大增加了，总体收益肯定比平时要多。”他的朋友点头表示赞同。

小米则把身边的两个年轻姐姐作为自己的观察对象。

“你看，我已经买了四个，都是不一样的款式。”一位姐姐开心地说，“你说，我要不要再买四个，这样就能集齐一套八个了！”

她的同伴说：“这次的限量版手办真的好可爱，而且数量有限，值得尝试一下！”

“那就再买四个试试，看看我运气怎么样！”这个姐姐决定再买四个盲盒。

十分钟之后，小麦和小米把观察到的和爸爸妈妈分享，小麦发现了一个问题：“这还真是奇怪，本来也可以不买的，但因为是盲盒，而且是限量款，反而让我非常想买！”

爸爸惊喜地发现，女儿已经发现了问题。“小麦说的，就是盲盒经济的核心所在！你不知道盒子里是什么，这是利用了消费者的好奇心。‘限量款’就是说这种产品的数量有限，打造出了‘稀缺’感，而买到‘稀缺’的东西能给拥有者带来更加强烈的满足感，这些都能让大家一下子就有了购买欲望。”

“嗯，是的，其实想想不买也行，但是一旦走进来，看到限量款盲盒，就很想买呢！”小麦点点头，觉得爸爸说得很有道理。

“爸爸，还有一点，我刚刚观察的那个姐姐，本来都有四个了，还要再买四个，她就是想集齐所有的样式，这样就想要买更多，那店家就赚大啦！”小米也参与了进来。

爸爸继续说："真的是这样，很多人都存在一种'集齐心理'，而且他们越接近集齐的时候，这种心理反应就越强烈，就越想花更多的钱继续买买买。"

"盲盒经济虽然很流行，但我们要明白它背后的含义，才能不陷入'消费陷阱'。当商品通过'限量'而变得稀缺时，人们往往愿意为之支付更高的价格。盲盒正是利用了这一点，让每个消费者都觉得自己有机会得到独一无二的手办，从而提高了他们的购买意愿。盲盒的'未知'特性也正是利用了人们的好奇心和对未知的探索欲。总之，虽然买的是快乐，但我们千万别陷在这个消费陷阱里，要做到理——性——消——费！"爸爸特意把"理性消费"四个字拖长了音，生怕小麦和小米记不住这一点。

牛油果手办确实很可爱，消费者在"拆"盲盒的过程中收获了快乐，商家也获得了丰厚的收入。小小的盲盒不仅装着可爱的手办，还隐藏着一个关于经济学的"大秘密"。

经济学小锦囊

稀缺

这是经济学中最基本的概念之一，指的是相对于各种无限的资源而言，资源的有限性。在故事中，牛油果盲盒中的稀有物品或限量版设计正是利用了稀缺原理，这种稀缺性激发了消费者的购买欲望。

供需关系

当价格下降时，需求量往往会增加。在故事里，原本同类产品的价格是59元，而盲盒的售价只有39元，这种低价策略吸引了更多的消费者，销售量也就随之增加。

盲盒经济

以盲盒为主要商品形态的一种消费市场和商业模式。盲盒，顾名思义，是一种在包装上没有明确标示内容的商品盒子，消费者在购买时无法预知自己将会买到哪一种具体的商品，只有在购买并打开后才能知晓。这种模式为消费者带来了一种期待和惊喜的体验，同时也激发了他们收集和分享的欲望。

究竟是奶茶店还是手工坊

在小镇庆典的热闹氛围中，转角处的一家店铺引起了小镇居民们的极大兴趣。这家店铺的外观属于极简风，在五彩斑斓的庆典背景下显得格外别致。门前挂着一块招牌，写着“茶画”二字，上面画着一杯奶茶，旁边则是一支画笔和一幅小巧的画作。这家快闪店究竟卖的是什么？每一个走进去的顾客无不带着这样的疑惑。小米一家也是这些好奇顾客中的一员。等他们进到店铺里面才发现，别有洞天呀！

店铺内部装饰充满了艺术气息，墙上挂满了风格各异的画作。如果不看服务台，还真的会以为这就是个画廊或者是艺术工作坊。

实际上，这是一家奶茶店。从外观到装饰，都让人无法将其与奶茶店联系起来。这家奶茶快闪店真是太特别了！

这里不仅是一家提供美味奶茶的小店，还是一个充满创意的手工坊。奶茶店和手工坊的结合，真是让人耳目一新！

原来，店内墙上挂的画作，都出自顾客之手，每一幅画都是独一无二的艺术创作。休息区摆放着几张大桌子，上面铺满了各种绘画工具和材料，顾客们可以在这里尽情发挥创意。

他们为了小镇庆典特别打造的活动——设计创意杯套，吸引了众多顾客的参与。每买一杯奶茶，顾客便会获赠一个空白的杯套，可以自由地进行设计。

“大家设计的杯套将有机会参加评选，获奖的朋友还会在小镇庆典的慈善晚宴上接受颁奖哦！”一个店员热情地向店内的顾客们介绍道。

“这里真是太神奇了，我原本只是想买杯奶茶，没想到还能有这样的体验！”一个身着运动服的年轻人兴奋地说。

小米和小麦也被这里的活动吸引了，她们坐在大桌子前，手拿画笔，认真地创作。小米已经开始在杯套上勾勒她心中的图案，而小麦则在草稿纸上仔细地设计着。

店铺的老板叶茗是一位热爱艺术的年轻女士，她走到姐妹俩面前，微笑着说：“欢迎来到‘茶画’。在这里，你们不仅可以品尝到美味的奶茶，还可以体验艺术创作的乐趣哦！你们的设计都有可能成为我们店铺接下来要推广使用的特色杯套！”

“真的吗？那太酷了！”小米不由自主地感叹。

“要是我能获奖，我设计的杯套就有可能在小镇流行起来……”小麦想象着老师和同学们手里拿着的奶茶上有她设计的杯套，这感觉可真好！想到这里，小麦更加谨慎，她先在草稿纸上尝试了几个设计，然后才小心翼翼地在杯套上作画。

“这样的体验真是前所未有。”一位刚刚完成作品的顾客感叹道，“我感觉自己不仅是在购买奶茶，更像是在参与创造。”

老板叶茗点头表示赞同：“这就是我们的经营理念。

在这个体验经济的时代，消费者不再仅仅满足于单纯的购买商品，他们更看重的是参与和体验的过程。‘茶画’提供的不仅是一杯奶茶，更是一次难忘的创作之旅。”

越来越多的顾客被这家“茶画”所吸引。他们在这里留下了自己的作品，同时也带走了满满的成就感和一次非常独特的体验。

这样别具一格的“茶画”也吸引了牛油果果小镇记者的关注。叶茗在接受采访时说：“我们希望，顾客买奶茶付的钱绝不仅仅是奶茶的价格，更是一种将美食、艺术创作、个性化体验融为一体的价值。我们售卖的其实是一种生活方式，一种能让平时忙碌的人们放松心情、展现自我、享受生活美好的方式。”

“这老板也太厉害了吧！”从“茶画”走出来，小麦对爸爸妈妈感慨道。

“为什么这么说？”妈妈问小麦。

“我们买奶茶是为了通过好喝的奶茶感受快乐，但是这个老板直接把快乐放大，还附赠了很多其他快乐的体验！这就是在提升产品的价值呀！”小麦分析得头头是道。最近学校里也在开展经济学社团活动，她正好学到了价格和价值。“这价值提升了，价格也可以跟着提高！就算是别的奶茶店卖得便宜一点，也没关系，这里的价值和其他奶茶店不同呢！依然会有很多人喜欢‘茶画’的奶茶！比如我，嘿嘿！”看来小麦真是太喜欢这家“茶画”了。

“今天的收获真是超出了我的预期。”叶茗在打烊时对员工说，“原来有这么多人喜欢我们。好期待，以后大家提起‘茶画’，都会知道是这个爱艺术、爱设计，也能来体验创作的奶茶店，我也希望大家觉得累了、倦了、疲惫了，都能来我们这里边喝奶茶边画画。”

“这就是我创立这个品牌的初衷。”叶茗在心里默默说道。

经济学小锦囊

价格与价值

在经济学中，价格是商品或服务的货币表现形式，而价值则是商品或服务所具有的满足人们需求的特性。在“茶画”的例子中，奶茶上明码标价的数字，就是它的价格；但是顾客除了喝到美味的奶茶，还获得了一次全方位的创作体验，感受到放松和快乐，这些都为商品增加了额外的价值。虽然商品的价格不能完全由其价值决定，但是价值的大小在很大程度上影响着价格。

品牌个性

品牌个性是品牌所具有的独特性格和形象。通过举办特色活动和提供独特的消费体验，商家可以塑造并强化自己的品牌个性，从而在激烈的市场竞争中脱颖而出。在故事中，“茶画”把商品背后的情感价值、通过创作获得的成就感和自我表达的机会都展现出来了，这些都是“茶画”品牌个性的体现。

哪家冰激凌店人更多

虽然已是初秋，牛油果果小镇却意外迎来了一段暖阳时光，仿佛夏日的余温仍在空气中徘徊。牛油果果冰激凌店的老板阿瑞站在店铺门前，望着蔚蓝的天空和络绎不绝的人群，心中的忧虑如同被阳光驱散的晨雾，取而代之的是满心的喜悦和感激。

“真是天助我也啊！”他不禁自语，脸上洋溢着藏不住的笑意。

小镇庆典的这几日，广场这里无疑是孩子们的天堂。美食的香气、游戏的欢乐、五彩斑斓的装饰，无不吸引着他们好奇的目光。冰激凌，即便在这个微凉的秋季，依然散发着难以抗拒的吸引力，成为本次小镇庆典的“宠儿”。

牛油果果冰激凌店在小镇算是一家“老字号”，他们的冰激凌奶味非常浓郁，所有关于冰激凌的美味想象，似乎都能在这里得到满足，一直深受小镇居民们的喜爱。

此刻的牛油果果冰激凌快闪店，到处张贴着显眼的主题海报——“小时候”。服务台前不少人在排队，男女老少都有，所有店员都在忙碌着，动作迅速准确，将一个个诱人的冰激凌递到顾客手中。老板阿瑞也穿梭在店内，一边统筹着整个店铺的运营，一边和顾客们亲切地打招呼。

“今天天气有点热，吃个冰激凌就舒服多了！”

“快来，这边有座位，可以坐下来歇歇！”

“哎呀，你今天买的可是我们最经典的口味，快尝尝味道怎么样！”

……

阿瑞虽然忙碌，但他的脸上始终挂着微笑，他特别享受这种热闹和忙碌带来的满足感。看着本季的主题海报，再看看享用美味冰激凌的顾客，他不禁默默地松了一口气。

其实这些天，阿瑞的压力一直很大。在庆典现场，他的店铺斜对面，是一家网红冰激凌店“健康甜心”。

阿瑞的担心并非杞人忧天。在牛油果果小镇上，新晋的“健康甜心”冰激凌店以其独特的装修风格和倡导的健康理念迅速赢得了居民们的青睐。店内的墙壁上绘有清新的果蔬图案，灯光柔和而温馨，每一处细节都透露出对健康生活方式的追求和尊重。

在这次小镇庆典上，“健康甜心”自然也不会缺席。就在此时，“健康甜心”的老板——一对年轻的夫妇张弛和艾薇，正用他们的热情和专业知识迎接每一位路过的顾客。

“我们的冰激凌都是低脂的。”艾薇微笑着对一位中年女士介绍道。

“真的吗？那我尝尝，我一直担心吃冰激凌会发胖。”中年女士感兴趣地说。

艾薇递给她一个试吃的小杯冰激凌。女士尝了一口后，眼睛顿时亮了起来：“味道真不错！我买两盒吧！”

随着小镇庆典的火热进行，两家冰激凌店的较量也渐渐升温。牛油果果冰激凌店凭借其经典的口味和庆典

限定版，吸引了一大批忠实顾客，而“健康甜心”则以其健康理念和新颖的口味，赢得了一群寻求新鲜体验的新顾客。

韬韬镇长和小镇庆典筹备小组组长杜小舟在人群中巡视着庆典。当他们来到这两家风格迥异的冰激凌店前，韬韬看着两家店铺前络绎不绝的顾客，对杜小舟说：“我们小镇的居民对冰激凌的喜爱度很高啊！”

“那当然！吃甜品会让人更快乐！”杜小舟开玩笑地回应，随即回归工作状态，“言归正传，这两家店铺在同类产品中竞争，还真是让我们看到了市场的活力，他们为了应对竞争，都推出了各具特色的产品，一边是经典的老味道，一边是健康的新选择。”

“确实如此，他们打造的差异化产品，满足了不同顾客的需求。”

“嗯，他们都专注于自己的细分市场，做了深入的研究。”

“这就是竞争促进创新，这样的氛围对我们小镇来说，真是太棒了！”

就在这时，一位刚品尝了“健康甜心”冰激凌的年轻顾客走了过来，对老板艾薇说：“你们的冰激凌真的很好吃，而且我听说还是低脂的，这让我吃得更放心了。”

艾薇笑着回答："非常感谢您的认可，我们会继续努力，为大家带来更多健康的美味，欢迎持续关注我们哦！"

而不远处，阿瑞也在和顾客交流："我们牛油果果冰激凌店一直以传统口味和高品质著称，希望给大家带来最正宗的冰激凌体验。这次推出的'小时候'庆典专属产品，也是希望无论大人还是孩子，都能吃到记忆中小时候的冰激凌味道！"

顾客满意地说："每吃一次，就仿佛穿越回我的'小时候'！也让我的孩子在她的'小时候'尝尝老爸小时候的冰激凌味道！"顾客自己说完就笑了，"呃，好像有点拗口……"

"没关系！我明白您的意思！"阿瑞笑着说。

经济学小锦囊

差异化竞争

这是商家在激烈的市场竞争中寻求突破的一种策略。通过提供具有独特性的产品或服务，商家能够吸引一群特定的消费者，从而在市场上确立自己的地位。牛油果果冰激凌店打造的"小时候"主题，就是通过延续传统，凭借其一直以来的浓郁口味和庆典限定版产品，成功吸引了众多忠实顾客。而“健康甜心”冰激凌店则通过推广健康理念和低脂产品，吸引了注重健康的新顾客群体。这种策略不仅满足了市场上对健康食品的需求，也帮助商家树立了“健康食品”的品牌形象。

细分市场

将市场根据消费者的需求、偏好或消费行为等因素划分成更小的群体的过程。在故事中，我们可以看到两个清晰的细分市场：一个追求传统口味和节日体验，另一个追求健康生活方式。通过细分市场，两家冰激凌店可以更精准地满足各自的消费者群体的需求，同时也减少了正面交锋的价格竞争，实现了共赢。

慈善晚宴

这几天的牛油果果小镇，比过年时还热闹。当夜幕如绸缎般铺展在小镇上空，小镇庆典活动也逐渐进入了尾声。尽管庆典结束的钟声即将敲响，但居民们的热情丝毫未减，反而像被点燃的篝火一般越烧越旺。今晚，他们将共同迎接庆典的高潮——慈善晚宴。

这场晚宴不仅是对小镇庆典这几天精彩瞬间的回顾和庆祝，更是小镇居民共同参与和支持公益项目的重要时刻。所有商家、小镇居民，都会盛装出席。慈善晚宴在小镇居民的心里有着非同寻常的意义，也是小镇每年最重要的仪式。

晚宴在小镇的中心广场举行，灯光璀璨，音乐悠扬。每个人都笑盈盈的，满足和喜悦的气氛扑面而来。

参与小镇庆典的商家们承诺在庆典期间，每销售出一件商品，便会捐出一元钱给小镇的牛油果果公益基金。这些基金将用于改善教育、医疗、环境和文化等公共服务。

例如，帮助孩子们了解多种艺术形式的“一面艺术墙”推广计划，帮助社区医院打造方便家属陪护的“家属休息区”工程，节约能源的“饮水思源”项目，收集整理历史故事的“老人是本书”文化项目……这些项目和小镇每个居民的生活都紧密相连。这些公益基金如同涓涓细流，汇聚成河，为小镇的未来发展注入了源源不断的活力。

韬韬镇长穿了一套浅灰色的西装，在舞台灯光的照耀下，显得格外神采飞扬。他站在舞台上，目光温暖而坚定，整个广场都安静下来，只听韬韬说：“今晚，我们相聚在这里，不仅是为了庆祝过去几天获得的成果，更是为了向那些让小镇变得更加美好的人致敬。每一笔捐赠，都是我们对这个社区信任和爱的体现。这些资金将化为教育的种子、医疗的庇护、环境的守护和文化的传承，滋养着我们每一个人的生活。

“我们的小镇，因为每个人的善举而变得更加温馨。无论是商家，还是居民，都在为小镇的活力付出着。在这个充满爱的夜晚，让我们共同举杯，感谢彼此，祝福我们的牛油果果小镇！”

随着韬韬的话音落下，全场响起了雷鸣般的掌声，大家纷纷举杯，共同见证这个美好的时刻！

小米也在鼓掌，她问妈妈：“妈妈，我们买了牛油果盲盒、奶茶，还有冰激凌呢，你说我们是不是也算做了公益？”

妈妈笑着回答：“当然算啦，我们买的每件东西的售价中都有一元钱会捐给基金会！”

“也就是说，我们要是不买，商家就会少捐一元钱呢！所以我们是有贡献的！”小麦接过妈妈的话说。

“嗯，我们真是太棒了！”小米觉得特别自豪。

“妈妈，你说我在‘茶画’奶茶店设计的杯套能不能获奖啊？”小麦一直惦记着这件事。

“快揭晓了，下一个环节应该就是。不过小麦，是否获奖并不重要，重要的是你在这个过程中获得了快乐的体验，这更重要，不是吗？”妈妈担心小麦如果没有获奖会不开心，赶紧提前打“预防针”。

正如妈妈所说，“茶画”奶茶店杯套设计获奖作品揭晓仪式就要开始了，小麦开始紧张起来。大屏幕闪现出一幅幅杯套设计作品，各种样式、各种风格，让人目不暇接。

“感谢大家参与我们的杯套设计大赛！也谢谢大家的投票！”站在舞台上的是“茶画”奶茶店的老板叶茗。这次一共评选出三幅获奖作品，作品一个个出现在大屏幕上！

“姐姐！姐姐！”小米看到最后一个出现的是小麦设计的杯套，激动极了！爸爸妈妈也很激动：“小麦，你太棒了！”一直期待着获奖的小麦，看到自己的名字，竟然还有些难以置信。

叶茗向大家宣布，这三个获奖的杯套设计将会投入生产，制作成大量的杯套，这样接下来每个买“茶画”

奶茶的顾客都能使用这些杯套。除此之外，他们还会根据这几个设计作品制作一批保温杯，送给小镇的独居老人，希望他们每天都能喝上热水！

小麦真是没想到，自己随手的小画竟然可以带来这么大的意义！她内心的满足感和成就感油然而生。

“这真是一个美好的夜晚啊！”小镇庆典筹备小组的组长杜小舟松了一口气，终于圆满完成了这个大项目。

“是啊！我也要感谢小舟，辛苦了这么多天。今年的小镇庆典如此成功，你可以好好休息一下了！”韬韬镇长向杜小舟举起了酒杯。

“哈哈，其实最应该感谢的是总策划韬韬镇长了！你的创意和想法让整个庆典充满正能量，也让每个人都能见证公益事业的力量！你看，这么多商家都在践行企业社会责任。”杜小舟很佩服韬韬。

晚宴要结束了，牛油果果小镇的夜空被绚烂的烟花点亮，居民们的笑声和掌声交织在一起。这真是一个特别的夜晚，每个人都是庆典的主角，每个人也都是牛油果果小镇的主角。

“我爱我们的牛油果果小镇！”小米对爸爸妈妈和姐姐说。

“宝贝，我们也是。”

经济学小锦囊

企业社会责任

企业在追求经济效益的同时，也考虑到其对社会和环境的影响，积极推动社会的可持续发展。在故事中，我们可以看到很多企业承担社会责任的例子，例如，“茶画”奶茶店的老板叶茗定制保温杯送给独居老人，这一行为便是他们履行企业社会责任的体现。同时，他们的这种举措不仅赢得了更多居民的尊重和支持，也提升了企业的品牌形象和信誉。

经济学小测试

1. 关于差异化竞争

在小镇庆典中，两家冰激凌店的竞争促使它们提供不同口味的冰激凌。这种竞争对消费者来说意味着什么？

A. 价格上升　　B. 选择增多

C. 质量下降　　D. 服务变差

2. 关于快闪店铺

在牛油果果小镇的庆典中，商家通过快闪店铺来吸引顾客。以下哪项不是快闪店铺对商家的好处？

A. 快速吸引顾客注意

B. 降低长期租赁成本

C. 增加品牌曝光率

D. 限制产品销售范围

3. 关于盲盒经济

盲盒经济中，商家通过限制供应来增加消费者对产品的渴望，这符合经济学中的哪个原理？

A. 机会成本　　B. 价格歧视

C. 稀缺原理　　D. 效用最大化

经济学小测试参考答案

第一章 新镇长的难题

1. B　2. B　3. B

第二章 龙卷风来袭

1. A　2. D　3. A

第三章 小岛旅行记

1. C　2. B　3. B

第四章 “买买买”冠军

1. B　2. C　3. C

第五章 珠宝失窃案

1. B　2. A

第六章 小镇庆典

1. B　2. D　3. C